JN107046

耐久性・コスト・性能を究めた
最高の塗料

断熱・遮熱塗料「ガイナ」

超耐候性塗料「スーパームキコート」

美壁革命「超低汚染リファインMF-IR」

超耐候性塗料「無機ハイブリッドチタンガード®」

完全保存版 塗料比較表 ／ 塗料の選び方

塗料の知識 ／ コラム 同じ名前の塗料でも中身が違う？ 安さだけで選ぶ落とし穴

雨どい／軒天／雨戸・戸袋／ベランダ・バルコニー・屋上の床／笠木／基礎／水切り／鉄部（庇）／木部（玄関前の柱）

こんなに変わった

まるで新築!

外装リフォーム事例

外装リフォームをするとき、リフォームすることでどんな風に変わるのか、

なかなかイメージしにくいもの。

全国の驚くほど変わった、外装リフォーム事例を紹介する。

各事例を見て、外装リフォームをしたときのイメージを膨らませよう。

あなたの好みの事例も見つかるかも!?

REFORM CASE

M様邸

M様邸

H様邸

K様邸

O様邸

M様邸

Y様邸

K様邸

K様邸

G様邸

I様邸

カラーシミュレーションを見ながら、屋根を新しい色に変更。外壁とバランスが良くなった

新築時の輝きを取り戻した外壁。雨どいも塗り直し、新品のようなツヤが出ている

サイディングの目地まできれいにクリア塗装された外壁。それによって防水効果も高まった

BEFORE

遠目では分かりにくいが、経年劣化が進んでいた

🟫 REFORM CASE：青森県八戸市 M様邸

クリア塗装で新築時の輝き
屋根の色も一新してリフレッシュ

BEFORE

コケが生え、塗装の剥がれが見られていた屋根

　新築から15年経ち、外装リフォーム業者数社が訪問営業に来ていたことがきっかけ。業者によってすすめる点が違っていたため、業者を絞れずにいた。要望は新築時の外装の模様が気に入っていたので、それを長持ちさせたいということと、外壁の反りが気になっていたので直してほしいという2点。それに対し、ある業者から「クリア塗装ではダメ」と言われていた。しかし佐々木商会は外壁の状態を調査した結果、ク

リア塗装でも大丈夫と判断。外壁の反りについては大工に増し締めしてもらい、シーリングを打ち替え、防水性能を復活させることにした。また屋根面にコケが出ていたためしっかりと洗い流し、塗料剥がれの箇所もしっかりと塗装を行う提案を行った。

　屋根も新しい色に塗り直し、クリア塗装によって新築時の輝きを取り戻して大満足の仕上がり。隣家への挨拶も丁寧で、信頼も深まった。

REFORM DATA

リフォーム費用／**135**万円

施工面積……屋根：132㎡
　　　　　　外壁：約165㎡ シーリング242m
施工箇所……屋根・外壁・シーリング・付帯部
工事期間……約3週間
築 年 数……15年
家族構成……2人
施　　工……株式会社佐々木商会

🏠 REFORM CASE：青森県八戸市 M様邸

決め手は「提案力」と「信頼度」
まるで建て替えたような仕上がりに

建ててから15年が経過し、そろそろ塗り替え時だと感じはじめていたことが外装リフォームのきっかけ。仕事柄、業者選定は実績による信頼度を重視し、何社かに相談をしていた。その中で、佐々木商会の営業の姿勢に信頼感を覚えたのが最終的な依頼の決め手となった。初回の現地調査では、屋根にあがり、外壁も隅々まで確認して、1時間以上にわたり調査を行った。また商談の際にも、M様に今後の生活設計をお伺いし、それに合った3つのプランを提案。外壁色は専用ソフトを使ったカラーシミュレーションで何パターンも用意して、確認ができるように配慮した。最終的には、似たような外壁材に塗装をして、実際の色を確認できるようにし、モノトーン調の外壁色に決定した。

「工事が終わり足場がなくなってからは、まるで建て替えたような仕上がりに感動しました。また、ご近所からの評判も大変いいんです」と笑顔で話してくれた。

しっかりと汚れを落とし、丁寧に3回塗り

REFORM DATA

リフォーム費用／**150**万円

施工面積……屋根110㎡、外壁185㎡、
　　　　　　シーリング 224m
施工箇所……屋根・外壁・シーリング・付帯部
工事期間……約2週間
築 年 数……15年
家族構成……4人
施 　 工……株式会社佐々木商会

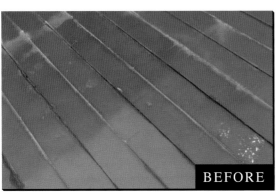

屋根にはコケが生え、既存塗装は経年劣化による退色がみられた

バイオ高圧洗浄で汚れをしっかり落とす

REFORM CASE：愛知県豊田市 H様邸

コーキングの修復から劣化対策まで行い
まるで新築のような仕上がりに

　新築から10年が経過し、外壁のコーキング部分のひび割れが目立ちはじめ、気になっていたことがリフォームのきっかけ。以前、リフォームスタジオニシヤマで施工した近隣のお客様からご紹介を受け、問い合わせた。訪問した担当営業の建物診断や詳しい塗料説明に安心感を覚えたのが、最終的な契約の決め手となった。現地調査を実施して、コーキングが外壁の伸縮に伴い側面剥離を起こしていることが判明。高耐久シーリング材である「ジョイントエンペ

ラー」と、コーキング亀裂の原因である外壁の伸縮を抑えるため断熱・遮熱効果の高い日進産業の「GAINA」を提案。特にデザイン性の高い住宅のため、「GAINA」のマットで上品な仕上がりがマッチする。外壁色はカラーシミュレーションで複数パターンを確認して、まるでデザイナーズハウスのようなモノトーン＋木目のハイセンスなカラーリングに決定した。施工後には「イメージ通りの仕上がりに大変満足しています」とうれしい言葉をいただいた。

10年の経過とともに外壁が色褪せ、コーキングの著しい劣化が見受けられた

増し打ちするだけでは厚みを確保できず、耐久性が保てないため、目地部分のコーキングを完全に撤去した

REFORM DATA

リフォーム費用／**183**万円

施工面積……231㎡
施工箇所……外壁・ベランダ防水
工事期間……23日
築 年 数……10年
家族構成……4人（夫婦＋子ども2人）
施　　　工……株式会社にしやま

北西から見るとグレーのワントーン配色。まるで新築のデザイナーズハウスを思わせるすてきな外観に様変わり

プライマー塗布後、高耐久シーリング材「ジョイントエンペラー」できれいに施工

外壁カバー工法によって
モダンで高級感ある意匠を実現

新築から30年が経ったK様邸は、外壁の劣化が目立ち始め、訪問営業のリフォーム会社が何度も訪ねてきていた。そこでK様は、以前から信頼しており、実績もある佐々木商会で外装リフォームを行うことを決意。デザイン性にも耐候性にも優れたアルミ外装材「アルカベール」でカバー工法を行った。外装材の中でも最軽量なアルミ製サイディングを使ったため、建物への重量負担が抑えられ、耐震・防水性能も向上。外観デザインは、レンガ調の外壁で高級感を漂わせた。さらに、ベランダ部分に木目調のアクセントカラーを入れることで、家の立体感がより強調され、重厚な印象に。屋根も紺色からブラウンに塗り替え、全体的に温かい雰囲気に生まれ変わった。

K様は「長年ご縁がある佐々木商会さんに頼んで良かったです。職人さんも一生懸命やってくれて大満足！」とのこと。

BEFORE

年月を重ねて壁に汚れやくすみがこびり付き、古びた印象を与える外観だった

REFORM DATA

リフォーム費用／**300**万円

施工面積……屋根118㎡　外壁185㎡
施工箇所……屋根、外壁、付帯部
工事期間……4週間
築 年 数……30年
家族構成……2人
施　　工……株式会社佐々木商会

大胆なカラーチェンジで
まるで新築のようにキレイに

新築時から10年以上を経て、外壁の汚れや目地のコーキングの劣化が気になり始めたO様。そんなとき、佐々木商会のイベント広告を見て、同社へ足を運んだという。ショールームで実際の住宅模型や映像などを見ながら説明を受け、安心感を覚えたため、長期耐久型の無機系塗料を使ったプランを契約。色選びでは、ご家族が納得できるまでカラーシミュレーションを何度も行った。最終的には、既存のアイボリー系からはガラッとイメージを変えて、高級感と落ち着きがある濃いブラウンに。細部まで配色にこだわり、破風や窓周りなどの白い部分も1パターンでは安っぽくなるので微妙に色を変えている。

O様は「仕上がりにとても満足していて、ご近所さんからの評判もばっちりです！」と笑顔を見せてくれた。

BEFORE

経年劣化でコーキングから雨水が浸入する危険性もあった

REFORM DATA

リフォーム費用／**130**万円

施工面積……屋根90㎡　外壁130㎡
施工箇所……屋根、外壁、付帯部
工事期間……3週間
築 年 数……15年
家族構成……4人
施　　工……株式会社佐々木商会

REFORM CASE：青森県八戸市 M様邸

お客様のことを第一に考え
自然な仕上がりと耐久性を両立

BEFORE

新築時の輝きが失われつつある状態
だった

自宅を建てた施工会社からメンテナンスの際に外壁リフォームを提案され、検討しはじめたM様。最初は施工店からの見積書が適正価格かどうか判断するために見積もりをお願いしたが、担当者の迅速な対応とご夫婦の将来設計を第一に考えた提案がすばらしく佐々木商会に依頼することに。塗装した感じがでない自然な仕上がりにという要望を尊重しつつ、耐久性を重視した塗料を選定し、屋根・外壁ともにAGCルミステージ弱溶剤GTを採用した。屋根・外壁・付帯部ともに3回塗りをし、丁寧な施工を行った。

M様は「仕上がりが想像を超えており、新築時のワクワク感がよみがえりました。担当者にはいろいろな要望を嫌な顔をせずに対応していただきました」と笑顔で話してくれた。佐々木商会のお客様目線の提案と施工に大満足のご様子。

REFORM DATA

リフォーム費用／**236**万円
施工面積……屋根：143㎡、外壁：252㎡
施工箇所……屋根、外壁、付帯部、基礎
工事期間……4週間
築 年 数……14年
家族構成……2人（夫婦）
施　　工……株式会社佐々木商会

REFORM CASE：青森県八戸市 Y様邸

工事中の近隣への配慮も欠かさず
丁寧で安心できる施工

太陽光パネル業者のずさんな施工で、屋根の色が剥げ、まだらになっているのが気になり、築年数的にもそろそろだったためリフォームを決意した。担当者の気遣いと分かりやすい説明、現状に合わせた最適なプラン提案が決め手となり佐々木商会に依頼した。長期耐久型の無機系塗料をおすすめし、将来的にコストを抑えられることを説明。また、施工前、施工中、施工後と何度も足を運び、案内チラシを配布して近隣への配慮も欠かさなかった。

「担当者の方は、説明も分かりやすく丁寧で、信頼してお願いすることができました。職人さんの仕事ぶりもすばらしく安心感がありました」とY様。屋根や外壁がきれいになり、Y様の気持ちも明るくなったという。

BEFORE

外壁が色褪せ、全体的に暗い感じになっていた

BEFORE

外壁目地のシーリングの劣化と外壁の細かいひび割れが目立っていた

無機系クリア塗料で上品なツヤの仕上がりに

REFORM DATA

リフォーム費用／**220**万円
施工面積……屋根202㎡、外壁260㎡
施工箇所……屋根・外壁
工事期間……約30日
築 年 数……15年
家族構成……3人
施　　工……株式会社佐々木商会

BEFORE

玄関まわりも美しくなった

■ REFORM CASE：富山県高岡市 K様邸

住む人思いの誠実な提案から、美しい外観と快適な暮らしが誕生

築12年ほど経ち、外壁のひび割れが気になっていたK様。地域の多目的施設で開催される外壁リフォーム相談会のチラシが目に留まり、会場を訪れた。そこでオリバーに相談をしたのが、リフォームのきっかけだ。

調査では、外壁に隙間があることが判明。隙間を部分的に埋める方法もあるが、それは一時しのぎに過ぎない。長期的には高耐久の金属サイディングの重ね張りが最適であり、張り替えよりコスト面でのメリットも大き

いという。こうした担当者の提案に誠実かつ良心的な印象を受けたK様は、オリバーへの依頼を即決断した。

新柄と新色を採用した外壁は、明るさと落ち着きを兼ね備えた雰囲気に一変。軒天など部分的に塗装も施され、より美しい仕上がりとなった。さらに、重ね張りによって断熱性や遮音性もアップ。K様は「暑がりなのに、昨夏とは冷房の設定温度が2度も違いました」とご満悦の表情を見せる。

REFORM DATA

リフォーム費用／	**276.5**万円
施工面積	187㎡
施工箇所	外壁、付帯部
工事期間	45日
築年数	12年
家族構成	4人（夫婦＋子ども2人）
施工	株式会社オリバー

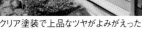

クリア塗装で上品なツヤがよみがえった

BEFORE

■ REFORM CASE：千葉県四街道市 K様邸

クリア塗装で新築時のツヤが持続！バルコニーの漏水もまるごと施工

築9年が経過したK様邸の外壁塗装のきっかけはバルコニーの漏水だった。K様は、バルコニーの手すり壁の根元から水がまわり、躯体が腐食していないか心配していた。そろそろ外壁の塗り替えの時期だということもあり、リフォーム工事と塗装を同時に施工できる業者を探して、みすずに連絡し即決した。

みすずでは漏水対策のために化粧幕板の交換から工事スタート。特にトラブルのあるバルコニーの出角は、ぴったり納まるように幕板の内側を削って調整し、シーリング材を充填して水の侵入をがっちりガードした。外壁はもともと多彩サイディングのため、無色透明のクリア塗装を提案。塗料は、紫外線に強く寿命が長い「スーパームキコート」を選び、上品なツヤが出るよう調整して塗装した。「私が不在の中、シャッターボックスや雨どいまで丁寧に塗っていただきありがとうございました」と、細かい部分の施工にも満足しているK様。まるで新築同様のマイホームに満面の笑顔が向けられる。

REFORM DATA

リフォーム費用／	**130**万円
施工面積	235㎡
施工箇所	屋根・外壁・付帯部
工事期間	20日
築年数	9年
家族構成	2人（夫婦）
施工	株式会社みすず

BEFORE

ツヤのないマット素材で上質な色合い

🏠 REFORM CASE：愛知県知多郡東浦町 G様邸

遮熱・断熱効果を高める塗料で室内の快適性もアップ

築15年のG様邸は、外壁の汚れが目立ってきたことがリフォームのきっかけ。触ると白い粉が付き、雨垂れのすじが目立つようになってきた。インターネットで業者を探し、最終的に選んだのがリフォームスタジオニシヤマだ。担当者の熱心さが伝わったことと、「職人に自信がある」という言葉が決め手だった。実際リフォームスタジオニシヤマの職人による仕事は、仕上がりと効果にこだわり、しっかり手間をかけた丁寧さが際立つ。

梁の部分まで塗ってもらい、きれいに仕上がった。

この家はもともと夏涼しく、冬暖かいつくりが特徴。外壁塗装もその機能をより高めてくれるものにしたいというのがG様の要望だ。そこで選んだのが、塗料自体に熱をためにくく遮熱効果のある塗料「ガイナ」である。リフォームが終わった家の住み心地の違いは歴然。「夏は家に帰ってきたときの涼しさを体感できるほど大きな効果があった」と、G様も満足の様子だ。

REFORM DATA

リフォーム費用／**170万円**
施工面積……330㎡
施工箇所……外壁、屋根
工事期間……20日
築 年 数……15年
家族構成……4人（夫婦＋子ども2人）
施　　工……株式会社にしやま

🏠 REFORM CASE：岐阜県高山市 I様邸

決め手は担当者の"一所懸命さ"まるで新築のような仕上がりに満足

紅葉しはじめた垣根と、外壁の色がよく似合ったI様邸。築15年の外壁は手でさわると白い粉が付く状態だった。色の組み合わせはいくつかの提案の中から、シミュレーションを使ってグレーと濃いブラウンに決定し、塗料はツヤのある「スーパームキコート」を採用。そのほか、おでかけ時の雨や、冬場の家事の負担を軽減するために、1階の洗濯干場には雨よけテラスを設置した。

「ロビンの担当者の印象は大変良かったです。他社にも見積もりを頼みましたが、ロビンの担当者の一所懸命な姿勢に好感を持ちました。説明も大変分かりやすく、打ち合わせの時間も夜や、こちらの時間に合わせて来てもらえて良かったです」と決め手を話すI様。信頼できる会社に理想のリフォームを実現してもらえ満足されていた。

洗濯干場を雨よけテラスで囲い、仕事や外出中に雨が降っても洗濯物が濡れる心配がなくなった。ぴったりサイズの特注品を設置

BEFORE

REFORM DATA

リフォーム費用／**165万円**
施工面積……153.09㎡
施工箇所……外壁・テラス
工事期間……3週間
築 年 数……15年
家族構成……4人（夫婦＋子ども2人）
施　　工……株式会社ロビン

外装リフォームで できることをチェック！

外装はたくさんの部位で構成されている。

外装は外壁、屋根だけでなく、雨どいや庇などから構成されている。
このページでは、外装リフォームを行うにあたって、知っておくべき部位を図にまとめた。
特に気になる部分は、劣化チェックや、施工方法など要点を押さえて調べよう。

雨戸

防犯・防雨・防風・防火・防音・遮熱など幅広く効果を発揮。種類も豊富なので予算や使用頻度を考慮して選ぶことが大切だ。

細部まで徹底施工 雨戸・戸袋の塗装工程→P69

雨どい

雨の侵入による建物の腐食を防ぐという重要な役割を担う。劣化に強い素材でつくられているが、メンテナンスは定期的に。

傷・劣化のチェックポイント→P17
細部まで徹底施工 雨どいの塗装工程→P68

外壁

外壁のリフォームは塗り替え、張り替え、既存外壁に新しい外壁を重ねるカバー工法の3種。最適な施工方法を吟味しよう。

傷・劣化のチェックポイント→P14
外壁塗装の正しい施工工程→P22
外壁のバイオ高圧洗浄→P24
外壁の下地処理→P26
外壁の塗装方法→P29
最高の塗料→P35
色選びの方法を押さえる→P57
カバー工法で賢い住まい→P62

カーポート

リフォームの際にカーポートを新設する場合は、道路との高低差を確認。大がかりな工事が必要になることもある。

コンクリート・基礎・ブロック

ブロック塀も中に水が入り込むと劣化が進む。リフォームでは、ブロック内部へ水を浸透させないための防水対策が必要。

ブロック塀のバイオ高圧洗浄→P25
細部まで徹底施工 基礎の施工工程→P71

玄関アプローチ

家の印象を決定づける重要なポイント。新しい住まいのカラーやデザインに合わせて一緒にリフォームすると統一感が出る。

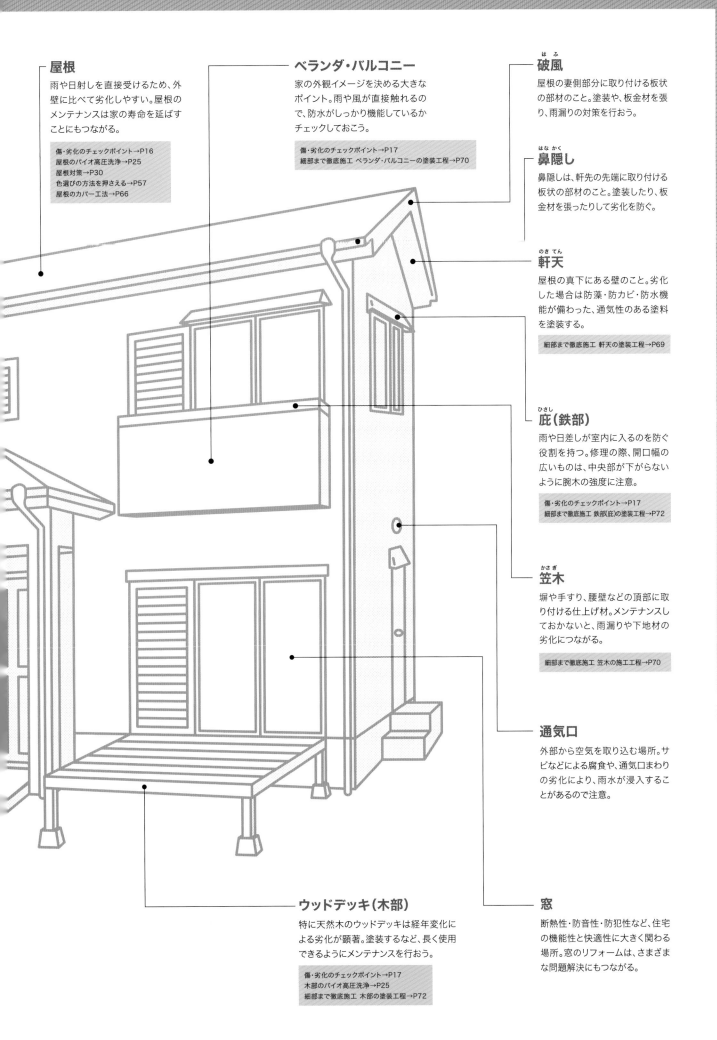

屋根

雨や日射しを直接受けるため、外壁に比べて劣化しやすい。屋根のメンテナンスは家の寿命を延ばすことにもつながる。

傷・劣化のチェックポイント→P16
屋根のバイオ高圧洗浄→P25
屋根対策→P30
色選びの方法を押さえる→P57
屋根のカバー工法→P66

ベランダ・バルコニー

家の外観イメージを決める大きなポイント。雨や風が直接触れるので、防水がしっかり機能しているかチェックしておこう。

傷・劣化のチェックポイント→P17
細部まで徹底施工 ベランダ・バルコニーの塗装工程→P70

破風（はふ）

屋根の妻側部分に取り付ける板状の部材のこと。塗装や、板金材を張り、雨漏りの対策を行おう。

鼻隠し（はなかくし）

鼻隠しは、軒先の先端に取り付ける板状の部材のこと。塗装したり、板金材を張ったりして劣化を防ぐ。

軒天（のきてん）

屋根の真下にある壁のこと。劣化した場合は防藻・防カビ・防水機能が備わった、通気性のある塗料を塗装する。

細部まで徹底施工 軒天の塗装工程→P69

庇（鉄部）（ひさし）

雨や日差しが室内に入るのを防ぐ役割を持つ。修理の際、開口幅の広いものは、中央部が下がらないように腕木の強度に注意。

傷・劣化のチェックポイント→P17
細部まで徹底施工 鉄部（庇）の塗装工程→P72

笠木（かさぎ）

塀や手すり、腰壁などの頂部に取り付ける仕上げ材。メンテナンスしておかないと、雨漏りや下地材の劣化につながる。

細部まで徹底施工 笠木の施工工程→P70

通気口

外部から空気を取り込む場所。サビなどによる腐食や、通気口まわりの劣化により、雨水が浸入することがあるので注意。

ウッドデッキ（木部）

特に天然木のウッドデッキは経年変化による劣化が顕著。塗装するなど、長く使用できるようにメンテナンスを行おう。

傷・劣化のチェックポイント→P17
木部のバイオ高圧洗浄→P25
細部まで徹底施工 木部の塗装工程→P72

窓

断熱性・防音性・防犯性など、住宅の機能性と快適性に大きく関わる場所。窓のリフォームは、さまざまな問題解決にもつながる。

外装リフォームを考えはじめた人へ

外装リフォームによる効果と目的

厳しい外的環境にさらされるため、時間の経過とともに必ず劣化してしまう外装。
ここではなぜ外装リフォームが必要なのかを押さえておこう。

美観を保つこと・外装の保護でわが家を長く住めるようにする

美観

きれいな外観を保って
愛着のあるわが家に

新築のように美しい外観を取り戻したり、色を変えてイメージを変更することもできる外装リフォーム。家の第一印象を決める場所だからこそ、こだわりたい。

外壁や屋根は家の顔

↓ ・いつも見えている
↓ ・家の印象を決める

常にきれいに保ちたい

After

Before

グリーンだった外壁を鮮やかなオレンジに変更して、家のイメージを一新。エントランスの草花が映える明るい印象に

> まるで新築時のような
> 仕上がりに

外装保護

紫外線や雨などの環境から
大切な家を守る役割も

外壁や屋根は、紫外線や雨風にさらされているため、徐々に傷んでくるもの。きちんと補修することは、美観だけでなく健康的な家を保つためにも必要だ。

**毎日の天候や季節の寒暖から
私たちを守っている**

↓

定期的に新しい塗膜層をつくり家を日差し・風雨から守る

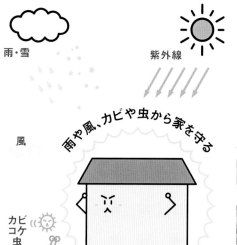
雨・雪　紫外線　風　カビ コケ 虫

雨や風、カビや虫から家を守る

リフォームにより明るく柔らかな印象になった外壁は、これまで悩みの種だったコケやカビを心配することなく、家族を快適に包み込む

まとめ　外装リフォームの目的は、見た目の美しさをよみがえらせる美観と
家を守るための保護。愛着を持ち、長く暮らし続けるために欠かせない。

12

塗料を構成する4つの成分
配分量の違いで耐久性も変化

塗料は「顔料」「樹脂」「溶剤」「添加剤」の4つの成分で構成される。この4つが絡み合うことで、家を紫外線や雨から守る「塗膜」になるのだ。成分の配分量の違いで価格や耐久性も変化。一般的に、樹脂が多い塗料ほど高価になるが、その分、耐久性も高くなる。塗料は安いだけで選ばないこと。耐久性が低く、すぐに塗り替えが必要になる可能性がある。

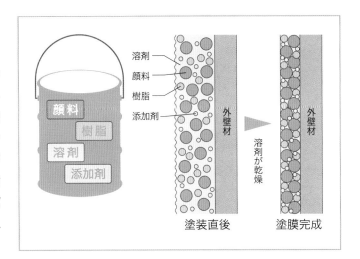

溶剤／顔料／樹脂／添加剤／外壁材／塗装直後／溶剤が乾燥／外壁材／塗膜完成

顔料

顔料は、それ自体が色を持つ粉末固体で、主に塗料の色彩などを形づくる成分。顔料そのものが私たちの目に塗膜として見えている。

樹脂

塗料の主成分である顔料だけでは塗膜として機能しない。樹脂は、顔料を膜として強固に密着させる働きを持つ。また、樹脂の種類によって耐久性や性能も決まる。

溶剤

シンナーや水など、樹脂を溶かしたり、薄めたりするための透明な液体。塗料を適正な粘度に調整したり、塗面の仕上がりを良くするために使用する。

添加剤

防藻、防カビ、低汚染、抗菌など、塗料の機能を向上させる補助薬品。塗装の目的とする機能や用途に応じて、必要な添加剤を少量だけ混ぜ合わせる。

塗料の劣化を引き起こす
最大の原因は太陽光の紫外線

気温や酸性雨など、塗料を劣化させる要因はいろいろあるが、最も大きな原因は太陽の紫外線。紫外線は塗料を塗った表面の0.1mm程度まで浸透し劣化させる。塗料が劣化すると、顔料を結合している樹脂層も劣化し顔料の離脱が生じてくる。この現象をチョーキングといい、触ると白い粉が付く現象だ。劣化の度合いは塗膜の成分によって異なる。

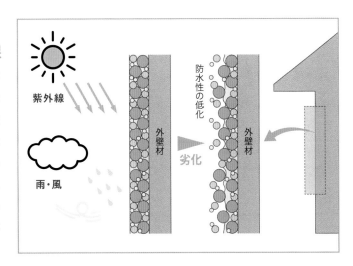

紫外線／雨・風／外壁材／防水性の低化／劣化／外壁材

まとめ 塗料用樹脂の結合は、アクリル系、ウレタン系、シリコン系、フッ素樹脂系の順で高くなり、耐候性も大きくなる。

わが家の外壁はどんな素材でできている?
外装の修繕時期を知る 外壁編

外壁の素材は種類豊富。まずは、家の外壁に使用されている
素材の性質を理解することからスタートしよう。

金属サイディングボード

スチールやアルミニウムなどの金属鋼板のこと。デザイン性・耐久性に優れた表面材（金属板）と断熱性・防火性に優れた裏打材によって形成され、軽くて耐久性に優れる。美観維持、防カビのために10〜15年で要再塗装。塗膜を傷めてしまった場合はすぐに処置が必要だ。

塗装目安 10〜15年

こんな症状に注意

赤サビ
表面材の塗膜が傷ついてしまったところから発生する「赤サビ」。表面は特殊なメッキ加工がされているが、中身は鉄の板のようなものでサビてしまう。外壁にものをぶつけないように注意が必要。

サビ
放置するとほかの箇所も腐食。サビが広がったり穴が開く前に適切な処置が必要

窯業系サイディングボード

セメント質と繊維質を主な原料として板状に形成した素材。タイル目、レンガ調などデザインが豊富で最近よく使用されている。基材は吸水性があり、防水機能は塗膜に頼っているため、塗膜の劣化を放置すると建物の構造に大きなダメージを与える可能性も。

塗装目安 7〜8年

こんな症状に注意

シーリングの劣化
サイディングの場合、目地のシーリングがひび割れしたり痩せて隙間が空く

[そのほか]
ボードの反り
チョーキング
紫外線による退色
爆裂（寒冷地）など

モルタル

セメントと石灰や砂を混ぜて水で練った素材。施工が容易でコストが安いため、新築時の最もポピュラーな吹きつけ仕上げ材として使用されていた。強度が高く耐火性に優れるが、防水性能が低くなると急激に劣化が進み、ひび割れが発生する。

塗装目安 10〜15年

こんな症状に注意

モルタルの剥離
塗装した膜がふくれたりする症状。劣化による付着力の低下が原因

カビ・コケの発生
外壁のコケを放置するとカビに。外壁の劣化や汚れを付着させる原因になる

ALC

コンクリートを軽量気泡化した外壁材。断熱性、耐火性、耐久性に優れ、マンションなどに多くみられる。塗装が劣化したままだと防水性が乏しいため、内部からボロボロに。手遅れになると、下地補修からの復旧が必要となるので早めの再塗装が重要。

塗装目安 10〜15年

こんな症状に注意

チョーキング
外壁を手でこすると白い粉が付く症状。顔料が劣化して粉状になっている

紫外線による褪色
日当たりの良い箇所を見ると当初の外壁色が変褪色している症状

コンクリート壁

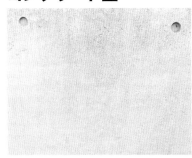

水とセメント、砂、砂利を混ぜたコンクリートは、最も強度のある外壁材。しかし、経年変化で防水効果が劣化すると、コンクリートの内部に水がしみ込み、専門的な改修が必要となるケースがあるので注意しよう。

塗装目安 10～15年

こんな症状に注意

クラック

塗膜の硬化や下地素材（躯体）が割れて起こる大小のひび割れのこと

鉄筋爆裂

クラックや打ち継ぎ目地などから雨水、炭酸ガスなどが侵入して、中性化が進行。内部の鉄筋を腐食して爆裂を発生させる。

トタン張り

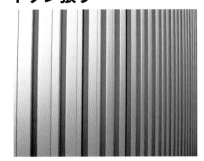

外壁に使用されているトタンは、「プリント」といわれる木目調の塗装をされたものが多く、築30年以上の建物に多く使用されている。金属素材のため、防水性が抜群で耐久性にも優れているのが特徴。現在は外壁に使用されることはほとんどない。

塗装目安 7～8年

こんな症状に注意

反り

チョーキングにより、水をはじかず吸収したボードが表面から乾いて反る現象

白サビ

海の近くや、高温多湿な状況下で起きやすい現象で、白い斑点が外壁に現れる。これは、トタンの表面メッキに含まれる亜鉛が酸化して表面に出てきたもの。美観がかなり損なわれるので注意したい。定期的に水などで洗い流すと防止策になる。

羽目板

木材は乾燥収縮等が起こり、割れが生じる可能性があるため、厚みのある材料を使用することが大切。板の重ね部分が不十分だとつなぎ目から雨水が入り込むこともあり、外壁の変化を注視しながら、しっかりとしたメンテナンスが必要になる。

塗装目安 10～15年

こんな症状に注意

変色

屋外の木材は、紫外線と雨によりシルバーグレーに変色する

腐食

木材は微生物の餌となる成分で構成されているため、水分、温度、酸素の条件がそろえば、木材腐朽菌やカビなどが繁殖して生物汚染が生じる。寒さや直射日光に強い担子菌が原因で、乾湿の変化が激しい場所や寒暖差の大きい場所でもよく生育・繁殖する。

必ずプロに診断してもらおう！

「症状が出てきたので、時期なのかな」と思ったら、まずは近くのリフォーム会社へ。屋根・外壁・付帯部をしっかり時間をかけて診断してもらおう。できるだけ一緒に確認し、気になっている部分など

を伝える。また、屋根は目視では、確認できないところだからこそ重要。素材の劣化状況・割れなどを外装リフォームのプロに点検してもらおう。

外壁と屋根の同時リフォームで耐久性アップ

外装の修繕時期を知る 屋根編

外壁と同様に、直射日光や雨風にさらされている屋根。
劣化に気が付きにくい分、早めの対応が必要だ。

スレート系(カラーベスト)

代表的な屋根の1つで、石質の薄い板を使用。劣化すると表面の割れや反り、屋根面の接合部の下地の腐食、板金を止めている釘の浮きが起こりはじめる。10年以上経つと汚れやコケが付いたり、色褪せも目立つようになるので、内部に腐食がないか点検をしてもらおう。

点検目安 7〜8年

こんな症状に注意

色褪せ

スレート系屋根材の色褪せは赤信号。天井裏の雨染みは屋根が傷んでいる証拠。

割れ

色褪せがさらに劣化するとひび割れや破損につながることがある。コケやカビが生えている屋根をよく目にするが、これが割れの原因に。スレート屋根材の劣化を放置し、そこに力が加わると割れて雨漏りが発生する。

セメント系

セメント瓦とは、セメントと川砂を1対2〜3の割合で混ぜたモルタルを、型に入れて形成し塗装したもの。紫外線・風雨・温度変化などで塗膜の劣化が進行すると、素材のセメントの劣化も早くなるので、もろくなる前に定期的なメンテナンスをおすすめする。

点検目安 10〜15年

こんな症状に注意

色褪せ

セメント系の屋根材は色褪せを起こすため、定期的な塗装が必要。

ズレ

瓦がズレていると、建物の中に雨水が浸入しやすい。放置すると躯体を傷め、建物の寿命を縮めてしまう。

割れ

塗膜が剥がれ表面に骨材が現れた状態はもろく、少しの力で割れてしまう。ここが雨漏りの原因に。

粘土系(瓦)

寿命が長く、色褪せがほとんどない粘土瓦。汚れがひどい場合は洗うか、部分的に交換するかを検討する。ズレや浮きがあれば、瓦を固定している屋根面の接合部の漆喰が崩れている可能性あり。コケや雑草を放置すると根から雨水を屋根に引き込む原因になる。

点検目安 20〜30年

こんな症状に注意

ひび・コケ

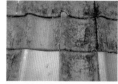

瓦の表面に細かいひびが入った現象を貫入(かんにゅう)という。小さなものは問題ない。

ズレ

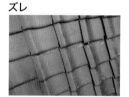

漆喰が剥がれ、瓦が固定されていない。少しの衝撃で瓦が落ちる危険な状態。

金属系(銅板)

サビにくい金属として古くから使われている、最も安くて経済的な屋根材。銅は緑青(ろくしょう)が出て、緑色に変色すれば、それ以降長期にわたって使用できる。接する素材との組み合わせで劣化が早くなると言われているので注意が必要。

点検目安 10〜20年

こんな症状に注意

サビ

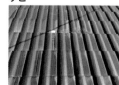

一度サビてしまうと、健全な部分にもサビが浸食。最後は穴が開いてしまう。

浮き

劣化すると板金を止めている釘の浮きや屋根材の割れ、反りが起こる。浮きを放置すると水分が浸み込む。台風や強風の後は、浮き上がったりガタついているところがないか、しっかりと点検してもらおう。

症状や対処法がさまざまな付帯部を知る

外装の修繕時期を知る 付帯部編

屋根や外壁と同じく紫外線や雨風にさらされている「雨どい」や
「ベランダ」などの付帯部のメンテナンスもお忘れなく。

雨どい

一般的に普及している雨どいはほとんどが塩化ビニール樹脂製か、少し耐久性を上げた合成樹脂製で、耐久年数はおよそ20年。雨どいの外側に塗装を行うことで美観性の向上や保護ができる。その場合、ケレン作業を行い、密着性を高めた上で弱溶剤系塗料を2回塗装する。

塗装目安 10～15年

こんな症状に注意

剥がれ
経年劣化により塗装が剥げ、粉をふいたような状態になる。雨どいの外側に塗装を行うことで美観性の向上や保護ができる。雨どいの内側は塗装ができないため、劣化した場合は交換が必要となる。

詰まり
草やゴミがたまると詰まる。ゴミ詰まりが起きる場所は、屋根から落ちた雨水が集まる集水器が最も多い。

歪み
歪みや割れは塗装で解決できない。雨を受ける機能を発揮しなくなったときは、交換を行う必要がある。

ベランダ

バルコニーやベランダ、屋上は雨が直接入るため、雨漏りや老朽化が起きやすい場所。塗料を塗ることで保護効果はあるが、防水効果までは期待できない。これらの場所には、美観性より防水機能を備える必要がある。施工するなら、費用対効果の高いFRP防水がおすすめ。

塗装目安 7～8年

こんな症状に注意

剥がれ
表面のグレーの塗料は、トップコートや保護塗料などと呼ばれ、FRP防水層を守るためのもの。塗膜のひび割れや剥がれによって、すぐに雨漏りすることはない。ただし、FRP防水層自体が割れてしまった場合は水が入り込む恐れがある。

詰まり
ベランダの排水口まわりを放っておくと、砂ボコリや枯れ葉などが詰まる原因に。定期的にゴミなどを取り除く必要がある。落ち葉などを取り除いた後は、1度バケツやホースなどで水を流し、細かい汚れも取り除いておこう。

鉄部

トタンや鉄骨、庇などの鉄部を塗り替える際に行われるケレン作業。ケレンとは、サンドペーパーや電動工具で、汚れやサビを落とす作業のこと。ケレンが不十分だと、塗料がうまく密着せず、後で塗装が剥がれてしまうこともある。ケレンが済んだら、サビ止め塗料を塗るのが基本。

塗装目安 10～15年

こんな症状に注意

サビ

鉄部は外壁よりも耐久寿命が短く、放っておくとどんどん腐食が進行するので、劣化の初期段階で塗装が必要。

破損
鉄部のサビが進行し、破損を起こしてしまうと美観を損ねるだけでなく、強度や安全性も低下する。事故につながる恐れもあるため、早急な対応が必要だ。

木部

他の部材に比べると劣化が早い木部。外部に面している木部は、定期的な塗り替えが必要だ。施工は、汚れや塗膜をサンドペーパーなどで削り落した後、木材保護塗料を塗布。防腐剤が入り木目も残る「キシラデコール」や既存の木目を完全に隠す「ガードラック アクア」などの塗料がある。

塗装目安 10～15年

こんな症状に注意

剥がれ
木の性質は、水分を吸ったり出したりしながら収縮する。そのため、他の部位に比べて劣化が早い。塗料の剥がれは劣化のサイン。美観性だけでなく木部自体の保護のために、定期的なメンテナンス（塗装）を行おう。

腐食
湿気や雨水が腐食の原因に。また、紫外線などのダメージを繰り返し受けることも腐食につながる。症状が進行すると住まいが内部から腐ってしまい、場所によってはシロアリの原因にもなってしまうので注意が必要だ。

わが家の劣化は現状どのくらい進んでるのか？

塗膜の劣化サイクルと最適な塗り替え時期

どの時点でリフォームを検討するべきなのか。
ここでは、図を使って劣化の進み方を紹介しよう。

十分耐候性がある※

リフォーム検討時期

早急に対応すべき

艶がある
日光に当たると美しく発色している状態。

艶が落ちてくる
新築時の艶やかさはなくなっているが、防水効果はある。

変 色
色味が変わり、くすんだ印象をうけるようになる。

チョーキング
触ると白い粉が付く。防水効果が切れてきたサイン。

> **なぜチョーキングのタイミング？**
> 塗料の防水効果がなくなったときに現れるのがチョーキング。築年数に関係なく、防水効果がなくなったまま放置しておくのは危険。

ひび割れ
雨水が入り込んで、下地が傷んでくる。補修が必要。

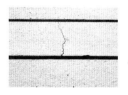

> **なぜひび割れのタイミング？**
> ひび割れを放置すると、建物内部の構造部分にまで雨水などが浸入。内部の鉄筋に腐食が起き、建物全体の強度が低下する。

剥がれ
外壁材自体が外部にさらされ、急激な劣化につながる。

※耐候性・・・屋外における自然環境（紫外線、雨風、温度変化など）に対する耐久性のこと。

要注意

放っておくとこんなことに…

水分が家の中に浸透。家を支える土台は木でできているので、湿気がたまり腐ってしまう可能性も。防水効果が落ちると、家屋全体に悪影響を及ぼしてしまう。

同じ家でも劣化の速度は場所によってさまざま

日なたと日陰で症状が違う

外壁や屋根の劣化は、立地条件や環境によって変化する。
年数よりも、症状をよく見て、塗装が必要か否かを判断するべき。

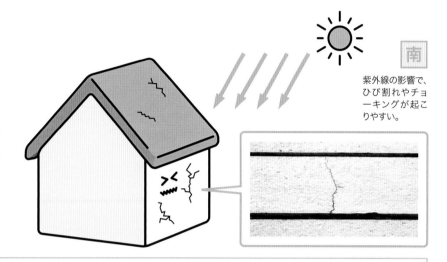

南側

日差しによるひび割れが起きやすい

特に紫外線の影響を受けやすい南側。色褪せ、チョーキングの順に劣化がはじまる。チョーキングは防水性が失われているサイン。建物内部へ雨水がしみ込む可能性がある。また、サイディングのつなぎ目であるシーリングにもひび割れが生じるため注意しよう。

南 紫外線の影響で、ひび割れやチョーキングが起こりやすい。

適した施工
・劣化が進んだ既存塗膜は剥がれの原因となる。高圧洗浄で洗い落としてから塗装しよう。
・既存のシーリングや目地内のホコリなどをしっかり取り除き、新しいシーリングに打ち替える。

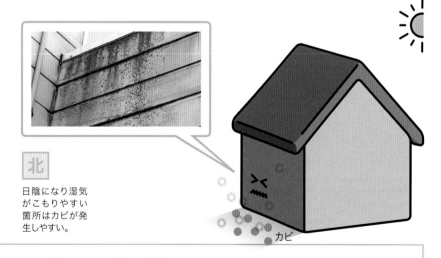

北側

湿気が多いためカビや藻に注意

日の当たらない北側は、コケや藻が発生しやすい場所。塗膜の劣化により外壁の防水性が低下すると、壁の表面にコケや藻が発生する。外壁や屋根を直接傷める原因ではないが、他の場所よりも多く水分を浴びているため、塗膜も劣化しやすいといえる。

北 日陰になり湿気がこもりやすい箇所はカビが発生しやすい。

カビ

適した施工
・コケや藻に効果的なのは、塗装前のバイオ洗浄。バイオ洗浄で殺菌し、塗装面をきれいにしてから塗装する。
・数年経つと再びコケや藻が発生する可能性があるので、塗料は「防コケ・防藻・防カビ」性能があるものを選択。

まとめ
同じ家でも、日なたと日陰では異なる症状が出る。点検するときには、外壁の一面だけを見るのではなく、建物全体をチェックすることが大切。

現場調査、契約、工事開始、完了までの注意点

外装リフォームのスタートからゴールまで

ここでは**外装リフォームのスタートからゴールまでの流れを紹介。**
各ステップのポイントもチェックしよう。 取材協力／グッドハート株式会社

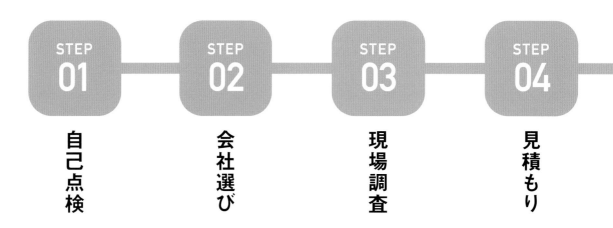

STEP 01 自己点検	STEP 02 会社選び	STEP 03 現場調査	STEP 04 見積もり
外装は、気付かないうちに塗料が剥がれていたり、屋根が傷んでいたりするもの。年に1度は自宅の自己点検を行おう。早めのチェックは、必要な修理やリフォームにかかる経費を抑えるためにも重要だ。	信頼できる会社を選べるかがリフォーム成功の大きなカギ。じっくり話を聞いてくれる営業マンと話し合いを重ねよう。ご近所での評判も参考に。また、地元の会社ならアフターフォローの面でも安心できる。	現場調査は、リフォーム会社の担当者と一緒に確認しておくと、報告書を見たときに症状や提案内容を理解しやすい。現場調査なくして、正確なリフォーム提案と見積もりはできないことを覚えておこう。	注意すべきは、使用する塗料のランクや具体的にどこまでの工事が含まれるかなどの詳細が分からない「一式見積もり」。契約前には、必ず具体的なリフォーム内容や支払い方法などを確認する必要がある。

年に1回など
定期的に自分の目で
点検をしよう

家をぐるりと一周して見回したり、実際に触れてみながらチェック

不安なことを質問。丁寧に応えてくれる安心感のある担当者を選びたい

塗装やコストについて学べる「外壁セミナー」などに参加してみよう

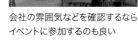

会社の雰囲気などを確認するならイベントに参加するのも良い

プロの目で
しっかりチェックを
してもらおう

リフォーム会社に任せきりにせず、気になることは積極的に質問しよう

わが家の症状を理解し、最適な施工方法を選択

しっかりとした診断書・見積書を出してもらえるかが、外装リフォームの成功の秘訣

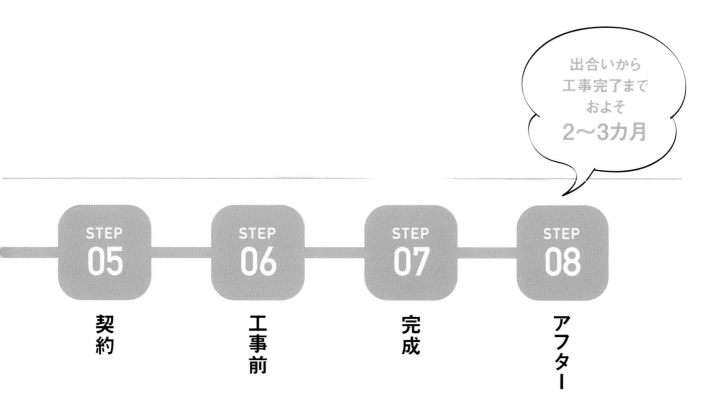

出合いから
工事完了まで
およそ
2～3カ月

STEP
05
契約

STEP
06
工事前

STEP
07
完成

STEP
08
アフター

契約書では「工事名、場所、期間、契約金額、支払い条件、正式な見積書、保証内容」を確認。また、支払いは工事開始前と工事完了後にするのが一般的だが、会社によって異なるので、契約時に確認しよう。

工事の直前には、家の周囲の整理や植栽の移動、工事の足場スペース、業者車両の駐車場の確保など、担当者と事前に打ち合わせをしておこう。施工会社が同行する、ご近所への挨拶回りも忘れずに。

工事が完了したら、契約通りのリフォームができているかを自分の目で確認。トラブルが起きないように、必ず担当者に立ち会ってもらおう。確認できたら残りの支払いを済ませよう。

リフォームの効果を保つためにも、定期的なメンテナンスが不可欠。特に、保証期間内のアフターフォローについて、よく確認しておこう。塗りムラなどが見つかった場合などは、至急会社に連絡を。

住まいの理想像を
担当者と共有

頭の中のイメージを色見本で確認。施工後は塗り替えができないので慎重に

しっかりと養生を行い、ご近所へ塗料が飛び散るのを防ぐ

工事前にご近所へ
一緒にご挨拶に
行こう

工事前には、担当者と一緒にご近所に挨拶に行くのがマナー

完成

見違えるほどきれいになったわが家。毎日、帰るのが楽しみに

保証書は
大切に保管

保証書などは、次回のリフォームのためにもしっかりと保管を

1つ1つの作業に重要な意味がある

外壁塗装の正しい施工工程

どんなに優れた塗料も、正しく作業しなければその性能を発揮できない。
ここでは、正しい施工工程を女性のお化粧に例えて分かりやすく解説。

	■ 準 備	■ 洗 浄	■ 下地処理	■ 塗 装
お化粧	 **ドレッサー** まずは必要なものを、整理しながらしっかり準備	 **洗 顔** 石けんで汚れを浮かし、きれいな水で洗い流す	 **化粧水** 皮膚を保湿して、肌の調子を整える	 **保湿クリーム** 肌と化粧品が密着するよう、肌の表面を滑らかに
外壁塗装	 **養生** 安全確保のため、まずは足場を組む。洗浄水や塗料の飛散防止のため、メッシュネットなどで覆う	 **バイオ高圧洗浄** 汚れを洗い流す。大切な下地処理の一部で、ここが不十分だと塗り替え後、剥がれなどの原因に	 **下地補修** ひび割れのシーリング処理や剥がれた塗料の除去、サビ止めの塗布などを行い、下地を調整	 **下塗り** 素材と塗料の密着をよくするために行う作業。本塗装の発色も良くする

CHECK POINT

**汚さないために
カバーできているか**

「養生」とは、シートを敷いたりビニールを張ったりして、塗装しない部分を覆うこと。ローラー塗りでも細かい飛沫が生じるため、塗装箇所以外を汚さないために行う。

CHECK POINT

**ベースをきれいに洗って
傷を丁寧に補修する**

ベース＝外壁材がきれいになっていないと、何を塗っても剥がれてしまう。まずは、汚れを落とし、水で洗い流してきれいにする。傷はそれぞれにあった方法で補修。

CHECK POINT

**塗料を塗る前の
下準備が大切**

壁面のホコリやゴミ、サビ、浮き上がった古い塗膜などを取り除くケレン作業。サンドペーパーや電動工具などを使って行い、上塗り塗料の密着を高める役割を担う。

CHECK POINT

**長持ちの秘訣は
丁寧で適切な下地補修**

ひび割れや欠損を処理する下地補修は、時に塗装作業より時間がかかることもある。適切な処理がリフォーム後のきれいを持続させる秘訣。

Advice

近隣への挨拶を担当者と一緒に行う理由

ご近所に、施工中のご迷惑とお詫びを兼ねて挨拶に行くときは、施工会社の担当者と一緒に訪問するのがベスト。何かあったときの窓口として、心強い存在になるからだ。その際、洗濯物干しなど、施工期間中の注意事項を説明してもらおう。

施工期間は
およそ
2～3週間

■ 付帯部の塗装　　　　　　　　■ 確　認

化粧下地
ベースになる色味を、整った肌に塗っていく

ファンデーション
1番人目に触れる部分。仕上げは丁寧に

口紅・アイメイク
印象が変わるポイント。急いでいるとおろそかに

鏡チェック
ムラがないか、きれいに仕上がったかをチェック

仕上げ塗料❶
下塗りと上塗りの中間に塗りつける層。中塗りといい、平滑な下地をつくったり、上塗り剤の補強が目的

仕上げ塗料❷
中塗りと同じものを塗り、塗りムラをなくし、厚みをつけることで機能性を高める。2度塗りで耐久性を確保

付帯部分
外壁、屋根以外の雨どいや通気口、鼻隠し、破風など、付帯部の施工も忘れずに

点検・養生解体
仕様書と照らし合わせながら、仕上がりを確認。施工不備がないか、思った通りに仕上がったかをチェック

CHECK POINT

何回塗装するのかを事前にしっかりと確認

塗り残しやムラをつくらないためには、数回に分けた丁寧な塗装が必要。見積もりの段階で、何回塗るのかを確認し、明文化しておくと安心だ。

工事中の心得7カ条

①作業時間は8:00～18:00
②お茶出しは特にしなくてよし
③気になることはすべて伝えるべし
④ペットや植栽など大切なものはよけるべし
⑤洗濯物は片付けるべし
⑥後片付けできているかチェックすべし
⑦変更点は口約束でなく、書面で残すべし

工事がはじまると塗装職人や板金職人など、さまざまな人が家を出入りする。工事をスムーズに進めてもらうためにも、外まわりは整理整頓しておこう。また、リフォームには予測できないことが起こることもしばしば。トラブルを回避するためにも、変更があった場合は口頭確認ではなく、書面を交わしておくと安心だ。

塗料だけでなく下地処理にもこだわりを

塗装を長持ちさせる秘訣は洗浄にあり

さまざまな要因で汚れている外壁。こうした汚れを完全に落とさないまま塗装すると、
どんなことが起こるのか。塗装を長持ちさせるために欠かせない「洗浄」について学んでおこう。

洗浄せずに塗装すると塗料は1～2年で剥げる!?

外壁塗装で最も重要な工程が下地処理。その1つに高圧洗浄がある。強い圧力によって噴射される水で、剥がれかけの塗料や藻、コケ、汚れなどを洗い落とす。メリットは塗装する際に、塗料をより外壁材に密着させることができ、塗料が長持ちする点。しかし、洗浄は目で見て分かりにくいため、いい加減に洗浄したり、洗浄後にしっかりと乾燥しないまま塗装すると、さまざまな不具合が起きてくる。洗浄が不十分だと数年で塗装が剥がれてしまうこともあるので注意しよう。

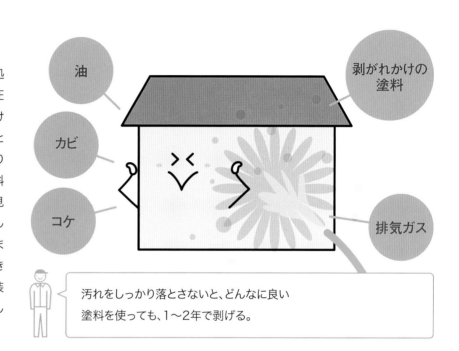

汚れをしっかり落とさないと、どんなに良い
塗料を使っても、1～2年で剥げる。

根深いカビやコケにはバイオ高圧洗浄が効果的

外まわりの汚れは、カビやコケなどの雑菌によるものが7割を占める。これには、根こそぎ洗い落とすバイオ高圧洗浄が効果的だ。木材、石材、タイルなどあらゆる素材に使用でき、通常の高圧洗浄では落としきれない0.01mmにも満たないピンホール（穴）に潜んでいるカビや藻、旧塗料などを徹底的に落とすことができる。しっかり汚れを落とすことで塗料の密着性が上がり、塗料の性能が格段に長持ちする。また、殺菌消毒作用により、美観が継続するメリットもある。

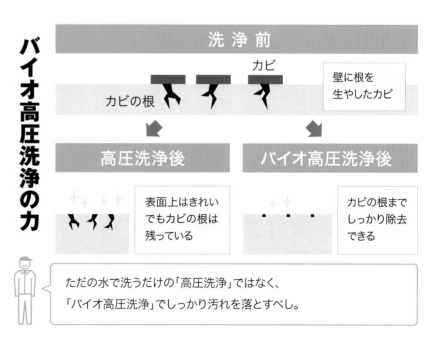

ただの水で洗うだけの「高圧洗浄」ではなく、
「バイオ高圧洗浄」でしっかり汚れを落とすべし。

 まとめ 洗浄が不十分だと、性能のいい塗料を塗っても、数年で剥がれたり
機能を発揮できなかったりする。塗料だけでなく、下地処理にもこだわろう。

部位別実例

ブロック塀

ブロック塀の汚れを塗装前に徹底的に除去。カビを根こそぎ落として、カビの再発生を防ぐ

木 部

木の羽目板や下見板は吸水性があるのでカビが発生しやすい。洗浄すると真っ白に

屋 根

カビやコケの根が奥までこびりついているスレート系屋根材にはバイオ高圧洗浄が効果的

バイオ高圧洗浄の施工手順

Step1	Step2	Step3	Step4	Step5
材料の準備	**養 生**	**水養生**	**洗剤散布**	**水洗い**

高圧洗浄機、大きめのバケツや桶が2つ、ゴムホースなどを用意

照明や電気機器など濡らしてはいけない部分をビニールで養生

洗剤が浸透しやすいように、洗浄面を水でたっぷりと濡らす

洗浄面全体に洗剤を散布。汚れに応じて洗剤の希釈割合を変える

洗剤散布後5～10分反応させてから水で一気に洗い流す

> 飛散する可能性があるため、作業を行う前に近隣の方にご挨拶を。

工期は、半日～1日

建材・部位別の洗浄方法

■モルタル
カビの根が塗装内部まで入り込んでいると除去しきれないことも。無理に高圧洗浄で取ろうとすると、塗膜が剥がれたり削れたりすることもあるので注意

■サイディング
チョーキングが激しい場合は、粉を水洗いで落とさないと塗料が剥げる要因に。これは、チョーキングがブロックして塗料が密着していないのが原因

■鉄 部
外壁以外にも、アルミサッシなどにカビがこびりついていることも珍しくない。高圧洗浄できれいになるので、外壁と一緒に洗浄してもらおう

住宅まるごとクリーニング

After

Before

外壁リフォームを行わなくても、バイオ高圧洗浄を行っただけで新築時を思い出すようなきれいな美観になる

補修なくして成功なし!

傷んだ下地は補修してから塗装するべし

長時間、紫外線や雨風にさらされる外壁は経年劣化が避けられない。
外壁の場合、その劣化を見逃さず、適切な処理をしてから塗装することが重要。
劣化の程度や素材によって異なる補修方法を整理しておこう。

モルタル編

モルタルは経年劣化による
クラックが発生する素材

モルタルは、水を使って砕石と砂を合わせ、乾燥させてつくられるため、モルタル自体の収縮や構造木材の乾燥収縮などによって、表面に微細なクラックが発生しやすい素材である。特に日がよく当たる建物の壁など面積の大きい面では、乾燥収縮による亀裂を防ぐことは難しい。また、夏の建物の膨張と冬の収縮を繰り返して大きくなったクラックから雨水が浸入すると、鉄筋全体の体力がむしばまれてしまう結果に。

■モルタルの外壁構造

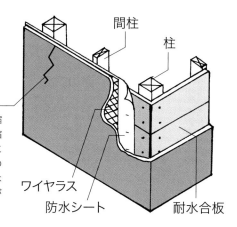

間柱
柱
クラック
構造木材の乾燥収縮やモルタル自体の収縮でできるひび割れ。これは、防水効果切れの赤信号で、このような隙間から、雨水などが浸入するので注意。
ワイヤラス
防水シート
耐水合板

小さなヘアークラックは
「刷り込み」による補修で解決

ヘアークラックとは、髪の毛ほどの幅（0.2〜0.3mm以下が目安）の細くて浅いひび割れのこと。小さなヘアークラックでも補修は必須。塗装だけではその場しのぎになってしまい、数年もするとクラックの跡が出てきてしまう。ヘアークラックを補修する場合は、下塗り剤による「刷り込み」工程が必要。微弾性フィラーやセメントフィラーなどの下塗り剤を、ラスターなどの硬い刷毛を使ってクラックの中に刷り込んで補修する。

■ヘアークラック

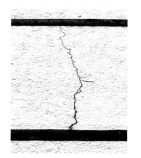

0.2〜0.3mm以下の細くて深さのあまりないクラックのこと

修繕方法

微弾性フィラーの刷り込み

微弾性フィラーなどの下塗り剤を、硬い毛の刷毛を用いてクラックの中に刷り込む

微弾性フィラー
外壁断面
ヘアークラック

危険度の高い構造クラックは
プライマー＋シーリング材で補修

幅が0.3mm以上で、深さが5mm以上ある大きなクラックを「構造クラック」という。放置すると基礎の強度が低下し、建物を支えられなくなる危険も。構造クラックの場合、微細な地震などの要因でひびが動くことがあるため、まずは弾力性の高いシーリング材でひびを埋めることが大切だ。手順は、シーリング材が十分充填されるよう、クラックを工具でV字にカット。そこにプライマーを塗布してシーリング材を充填する。

■構造クラック

クラックの幅が0.3mm以上で深さが5mm以上ある大きなクラックのこと

修繕方法

**クラック部をV字にカットし、
プライマー＋シーリング材で補修**

シーリング材を中まで充填させるため、クラックをV字にカット。プライマーを塗布してシーリング材を充填

シーリング材
外壁断面
構造クラック

シーリング材とは

シーリング材とは建物の防水性や気密性を保持するために、継ぎ目や隙間に充填する材料。シーリングが劣化すると雨水が壁の中に入り込み、劣化を加速させる可能性もある。高耐久塗料とシーリング材はセットで考えなければならない。

サイディングの間

窓まわり

シーリングの役割は防水　寿命…通常3～5年

サイディング編

塗料の高性能化に合わせてシーリング材も進化

サイディングは、つなぎ目にシーリング材を使用している場合が多く、10年も経つと劣化しシーリングがひび割れてくる。劣化の目安は、隙間ができていたり、押さえてみて弾力のない状態であるとき。使用環境によって異なるが、10年ほどで改修を行う必要があるだろう。近年では、高性能塗料の登場に伴って、シーリング材の性能も高耐久にグレードアップしている。塗料に合わせて、シーリング材も高耐久性なものにしたい。

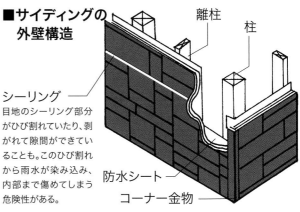

■サイディングの外壁構造

離柱

柱

シーリング
目地のシーリング部分がひび割れていたり、剥がれて隙間ができていることも。このひび割れから雨水が染み込み、内部まで傷めてしまう危険性がある。

防水シート

コーナー金物

■シーリングの劣化進行度

劣化の度合い

軽度	中度	重度	最終

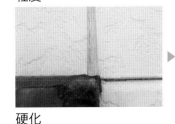   

硬化
劣化の進行度が最も軽い状態。触ると弾力がなく、硬くなっている

亀裂・ひび
劣化が中度まで進んだ状態。雨漏りが発生することも

剥がれ・隙間
シーリングが剥がれると劣化も重度。隙間から雨水が建物内に入り込む

完全な剥離
劣化の最終段階まで進むと、完全にシーリングがなくなってしまう

■シーリング施工の流れ

放置すると建物本体の劣化も加速させるシーリングの劣化。施工の流れを簡単に説明するので頭に入れておこう。

「増し打ち」ではなく「打ち替え」がおすすめ

基本的にはしっかり密着し、雨漏りを防ぐことにつながる「打ち替え」が良いとされている。既存の上に新しいものを充填する「増し打ち」は、打ち替えよりも施工の手間がかからないので安価だが、性能性が確保できるかは保証できないので注意が必要だ。

既　存	1.切り取り	2.除　去	3.プライマー塗布、養生	4.充填、乾燥	完　了

     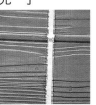

雨風、紫外線などにより劣化しているシーリング部分

既存の目地内部のシーリングをカッターなどで取り除く

取りやすくなった古いシーリングをラジオペンチなどで除去

シーリング材を充填する部分に沿って養生テープを張る

シーリング用のヘラで押さえながら仕上げる

養生テープを剥がして施工が終了

耐久年数30年の高耐久シーリング材で長持ちさせよう

ここでは、耐久性が30年続くといわれる高耐久シーリング材の特徴を紹介。
さまざまな機能を持つ高性能塗料の登場に合わせてシーリング材も進化している。
高機能なシーリング材についても理解を深めよう。

シーリングの常識を覆す 高機能シーリング材が登場

シーリングには3つの特徴がある。1つ目は経年変化で硬くなること。軟らかくして形を変えやすくするための「可塑剤(かそざい)」が硬くなり、切れや劣化の発生を促進させてしまう。2つ目の特徴は、種類によって耐久性に違いがある点。3つ目は長持ちする秘訣が高耐候である点。日々、紫外線等のダメージを受けているシーリングは、劣化するとひび割れが発生。紫外線や雨に対する強さ、いわゆる耐候性の違いが長く使用できるかを大きく左右する。近年では高機能塗料に合わせて、シーリング材も進化。高耐候性ポリマーを配合し、長期間柔軟なシーリングを保つことができる「ジョイントエンペラー」などが登場している。

■高耐久シーリング材「ジョイントエンペラー」の成分

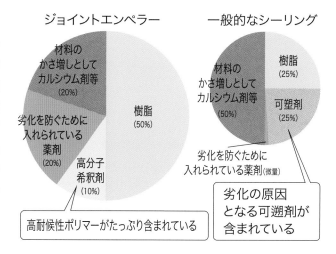

■引っ張り接着性試験による耐久性比較

高耐久シーリング材

試験前 　　ジョイントエンペラー

一般的なシーリング材

ブチッ
伸びない…

「ジョイントエンペラー」は「可塑剤」を使用せずに、驚異の柔軟性を実現。劣化の原因となる「可塑剤」をなくしつつ、高分子希釈剤を使用することで、硬くなりがちなシーリングに柔軟性を持たせることに成功した。

■美観の維持

水・熱・紫外線などの劣化分子に対して長期的に耐えることができ、より長く美観を維持。サンシャインウェザーメーターによる促進耐候性比較試験を行った

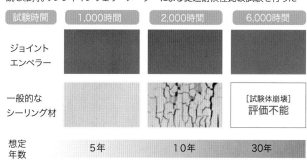

試験時間	1,000時間	2,000時間	6,000時間
ジョイントエンペラー			
一般的なシーリング材			[試験体崩壊]評価不能
想定年数	5年	10年	30年

手間がかからない高耐候性を維持

サンシャインウェザーメーターで紫外線・温度・湿度などの屋外の条件を人工的に再現し、劣化を促進させ、製品、材料の寿命を予測する設備で耐候性を調査。2,000時間後には、一般的なシーリング材と大きな違いが現れた
※ジョイントエンペラーは6,000時間まで問題なかった

■塗装後の経年汚染性比較

一般的なシーリング材は、時の経過とともに可塑剤が抜けて硬くなる。また流出した可塑剤は汚れの原因に。「ジョイントエンペラー」なら長期間柔軟なシーリングを維持

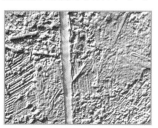

ジョイントエンペラー 　　　　　一般的なシーリング材

汚染

塗料の美観を邪魔しない塗装性

可塑剤などの流出成分を含まないので、仕上げ塗装を侵すことなくきれいな外観を実現。塗装性に優れ、塗装をしても塗料の美観を妨げない

3回塗って耐久性アップ!

塗装の鉄則は「3回塗り」

外壁塗装は「下塗り」「中塗り」「上塗り」の3回塗りが基本。
どれも塗装後の美観や耐久性を左右する重要な工程といえる。
それぞれの工程の役割と必要性を知っておこう。

塗り残し防止や 耐久性を上げるために

下塗りは上塗りを長持ちさせ、きれいに仕上げるために必要不可欠。上塗り材は耐候性、低汚染性、防カビ・防藻性などの機能を持つが密着性に欠けるため、接着剤のような役割を持つ下塗り材が必要となる。中塗りと上塗りでは同じ塗料を使用。人の手で行う塗装には限界があり、1回の上塗りでは、かすれや薄い部分が出てきてしまう。2回目の上塗りを行うことで、完全な外壁・屋根塗装に仕上げることができるのだ。「3回塗り」は耐久性の面でも美観の面でも必要な作業だといえる。

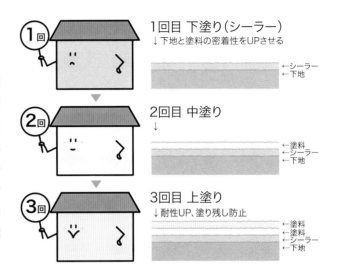

1回目 下塗り(シーラー)
↓下地と塗料の密着性をUPさせる
←シーラー
←下地

2回目 中塗り
↓
←塗料
←シーラー
←下地

3回目 上塗り
↓耐性UP、塗り残し防止
←塗料
←塗料
←シーラー
←下地

■下塗り塗料の種類と特徴

下塗り材にも目的と用途に合わせて、豊富な種類が存在。最近ではさまざまな機能を備えた微弾性フィラーが主流で使用されている

□プライマー
上塗りとの密着効果を高める接着プライマーや、鉄材などに塗るサビプライマーなど、機能に応じた種類がある

□シーラー
上塗り材が下地に吸い込まれてできるムラを抑えるためにシールする役目を持つ。プライマーとシーラーはほぼ同じ目的の下地調整材

□サーフェイサー
中間に塗ると、サンドペーパーなどで平坦化する作業を軽減。上塗り塗料の重ね塗りもできる

□フィラー
下地の凹凸やヘアーラックなどを補修する場合に使用

□微弾性フィラー
最近主流の下塗り材。通常のフィラーよりも膜厚を付けることが可能。水性で環境に優しく、クラック補修もできる

■3回塗りの工程

塗膜の厚みを十分に確保し、長期にわたって美しい外観や性能を保持するためには、
下塗りと中塗り、上塗りに分けて施工する3回塗りを知っておこう。

下塗り

既存塗膜や下地の状況に応じて下塗り材を選定して塗装

中塗り

長く美観や機能性を保持するために、塗膜の厚みを十分確保する

上塗り

事前打ち合わせで決められた色の塗料を塗装して完成

チェック!

塗りムラがないかはココでチェック!

中塗りと上塗りの塗料を、同じ種類の違う色で塗ってもらえば、1工程を省くような手抜きや塗りムラを見抜ける

リフォームの死角になりがちな屋根
雨漏り対策の肝・屋根を守る

リフォームをするときに、意外と忘れられてしまうのが屋根。
建物の中で最も過酷な環境にさらされている屋根こそメンテナンスが必要だ。

外壁よりも過酷な環境：屋根は家を守る大切な場所

目の届かない屋根こそ定期的なメンテナンスを

壁の傷みや設備の不具合には気付いても、屋根までは目が行き届かないもの。屋根は、紫外線や熱、雨風を直接受ける過酷な環境に常にさらされるため、家の中でも最も傷みやすい場所の1つだ。屋根の劣化が原因で構造材が腐食を起こしてしまうケースもあるので早めのメンテナンスを心掛けよう。

屋根の主な雨漏れ原因

①家を建てたときの施工不良
施工業者の未熟な工事→築年数が浅い場合は施工してもらった業者に早めに相談しよう。

②屋根の劣化
築10数年が経ち、屋根材が劣化した箇所から雨水が浸入。

③屋根の破損
台風による屋根飛散や、地震による瓦破損など損傷箇所から雨水が浸入。

④雨どいの詰まり
雨どいからあふれた雨水が壁などから内部に浸入。

⑤太陽光発電や温水器設置箇所から
穴を開けて設置したため、不適切な処理やシーリングの劣化箇所から雨水が浸入。

屋根塗料

屋根塗装に適した高機能な塗料が主流

屋根塗料の主流は、高機能でコストパフォーマンスに優れるシリコン樹脂と約15年の耐久年数を誇るフッ素樹脂。さまざまな種類があるので、じっくり吟味しよう。

■屋根塗料いろいろ

屋根の塗料も選択肢が多い。ここでは3つの代表的な塗料を紹介。

・シリコン
1番主流の塗料。紫外線に強く、汚れも付きにくい。耐久年数は約10年でコストパフォーマンスも高い。

・フッ素
値段は高価だが、ほかの塗料に比べ約15年という抜群の耐久性がある。光沢もあり美しく仕上がる塗料。

・ガイナ
夏の熱気だけでなく、冬の冷気も断熱する遮・断熱性を備え、節約効果も期待できる。耐久性も安心の約15年。ほかにも防音などの機能がある。

施工上の注意点：屋根材が重なる部分に隙間をもたせる

例えばコロニアル屋根は、ベニヤ板の上に防水シート、その上にコロニアル屋根瓦という3層構造になっている。しかし、塗装工事で屋根材同士の隙間がなくなると湿気の通気がとれず傷みの原因に！ そこで次のような施工が必要になってくる。

■適切な隙間で湿気を逃す
丁寧に施工しても、屋根材と塗膜がくっつくことはなかなか避けられず、外へ逃がせない湿気や雨水が内部に浸入し、ベニヤ板を腐食させて雨漏りの原因にもなりかねない。よって、最終工程として屋根瓦の重なり部分を1枚ずつ切る「縁切り」の作業が不可欠。

■屋根を傷つけない"タスペーサー"
縁切りの代わりに屋根材の間に「タスペーサー」といわれる部材を差し込み、適切な隙間を確保する方法も。縁切りでは瓦を傷つける可能性が大きいのでタスペーサーの設置が有効。平均1,000個前後必要だが、作業時間は2～3時間で済む。3～5万円のコスト増が見込まれる。

Before　After

屋根＋外壁セットにすればリフォームがもっとお得に

屋根＋外壁セットで足場代を削減

リフォームは、本体の工事以外にも必要な費用がある。
それを節約するには、できるだけ工事をまとめて行うことがポイントだ。

屋根＋外壁リフォームで"消え物"の代金を節約

屋根リフォームには屋根そのものの工事費用のほかに、足場組み立てと撤去工事費用が必要になる。この費用は、何か形が残るものではないため、いわば"消え物"の代金。屋根リフォームのためだけに支払うのはもったいない。結局、屋根も外壁も新築時に同等グレードの塗料が使われているため、どちらもメンテナンスが必要な時期は同じ。"消え物"の代金を考えると、外壁と屋根のリフォームを一緒に行う方がお得ということになる。

外壁・屋根リフォームの足場代の比較

[外壁と屋根を別々で行った場合]

外壁塗装		屋根塗装	
足場代	20万円	足場代	20万円
洗浄剤	10万円	洗浄剤	10万円
塗装(壁)	80万円	塗装(屋根)	40万円
付帯工事	20万円		
合計130万円		合計70万円	

＋　＝

[130万円＋70万円]
合計
200万円

[外壁と屋根を一緒に行った場合]

外壁・屋根塗装	
足場代	20万円
洗浄剤	10万円
塗装(外壁・屋根)	120万円
付帯工事	20万円
合計170万円	

＝

合計
170万円

30万円の差額!!

足場系リフォーム

足場をかけたら徹底活用

"消え物"代を節約するため、足場絡みの工事はできるだけまとめて行うことが大切。屋根や外壁以外にも、足場が必要になる工事があるので確認しておこう。

■足場が必要なリフォーム

○外壁の塗り替え・サイディング工事
○屋根の葺き替え・塗り替え
　（緩勾配の屋根は不要）
○雨どい交換
○破風や軒天の工事

○太陽光発電システムの取り付け
○高所の窓、雨戸の交換・取り付け
○高所の庇、霧除け工事
○そのほか、高所の外壁を
　補修する工事が絡むもの など

■屋根塗装の流れ

屋根塗装も下地処理の良し悪しで品質が決まる。塗装が剥げないよう、また、塗料本来の機能を十分に発揮させるためにも、下記のように下地処理を着実に行うリフォーム会社を選びたい。

①足場仮設・養生
安全に作業ができるようにしっかりとした足場を組み、塗料が周囲に飛散しないよう、まわりに飛散防止のためのネット張りを実施。

②高圧洗浄
屋根に付着したカビやコケ、ホコリなどを高圧洗浄で洗い流す。通常は60〜100kg/㎠の圧力だが、傷み具合などによって調整。

③下地補修
欠損部分やひび割れを補修。塗膜の脆弱部やサビを落とす「ケレン」という作業を慎重に行うことで、屋根塗装工事の品質を向上。

④下塗り
下地と上塗り材の密着力を高める役割を果たす専用の下塗り材「シーラー」を塗る。劣化した屋根材に浸透し、既存屋根材を強化。

⑤中塗り
塗料は1度で塗るよりも2度に分けて塗る方がきれいに仕上がるため、下塗り後に再度塗料を塗布。

⑥上塗り
上塗り塗料を塗る。これで劣化した既存の屋根材をしっかりと強化し、長持ちさせる。中塗りと上塗りは基本的に同じ塗料を使用。

⑦縁切り
スレートなどの場合、雨水が屋根の隙間にたまるのを防ぐため、屋根材同士の間にタスペーサーを入れる。

⑧足場解体
塗料飛散防止用のネットを取り外し、組んだ足場を解体。

31

見積もりの良し悪しは塗料名、面積、数量で判断

リフォームを成功させる見積書とは?

見積もりで「一式」と書いている場合は、正しい面積や数量が分かりにくい。
親切で分かりやすい見積書は、詳細項目が記載されている。

取材協力/株式会社スマートプラス

現場調査

満足いく外装リフォームは現場調査なしにははじまらない

ネットでもリフォーム会社を探せる時代。便利になった一方、安易に施工を決めてトラブルになるケースも増えている。原因は、現場を事前に確認しないこと。現場調査は会社が詳細な見積もりを提出するために大切な工程で、これなくして正確なリフォームプランと見積書はありえないのだ。

通常、現場調査は1時間から長くても2時間が目安。住まいの問題点を正確に把握するために、必要な時間と言える

平米計算

信頼できるリフォーム会社は見積もりに塗装面積を記載

金額を判断する上で見るべき箇所は、「塗装面積の把握」。しっかりと塗装面積を見積もりに落とし込んでいる会社は、信頼できると言ってよい。また、窓やドアなど、塗装を要しない箇所が含まれていないかもポイントだ。数値の根拠もなく、一式と書かれた見積もりは金額の基準がつかないため判断が難しい。

外壁1	
面積	57.27 ㎡
開口	25.69 ㎡
雨樋塗装（縦）	1.78 ㎡
雨樋塗装（横）	6.01 ㎡
基礎塗装	6.01 ㎡
シール打ち替え	52.01 m
シール増し打ち	59.33 m
屋根1	
面積	21.49 ㎡
軒天面積	13.82 ㎡
破風・鼻隠し	6.9 ㎡
ベランダ床	11.84 ㎡
庇	1 個

南立面

窓やドアなど、塗装を必要としない開口部が差し引かれているかをチェックしよう

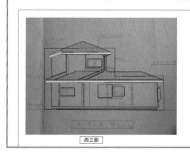

外壁1	
面積	40.12 ㎡
開口	6.64 ㎡
雨樋塗装（縦）	1.37 ㎡
雨樋塗装（横）	4.1 ㎡
基礎塗装	5.58 ㎡
シール打ち替え	33.55 m
シール増し打ち	28.4 m
屋根1	
面積	13.52 ㎡
軒天面積	9.47 ㎡
破風・鼻隠し	4.74 ㎡

西立面

外壁や屋根だけでなく、雨どいやシーリングなどの付帯部分も測定されているか、要確認

まとめ 正確な見積もりを提出してもらうためには、現場調査が必要。また、塗料名、面積、数量など数値の根拠があるかを確認しておこう。

診断書の例

診断はリフォームの品質を左右する重要な工程。ここでは、外壁や屋根、付帯部について、実際の診断書にどのような記載がされるかを紹介する。

浮き・反り状況

外壁材に一部反りが見受けられます。反りを予防するために部分的に専用ビスで固定をする必要があります。

軒天状況

北面軒天部分に雨染みが見受けられます。高圧洗浄の際、原因を特定させ作業を行う必要があります。また、2階部分には一部割れも見受けられるので、しっかりと補修してから専用塗料で塗装いたします。

チョーキング現象

紫外線による影響から塗膜の結合が弱くなり、塗料の剥がれを示すチョーキングが発生しております。しっかりとバイオ高圧洗浄で汚れを落とし、塗装をする必要があります。

バルコニー状況

既存バルコニーはFRPです。劣化が進んでおり、剥がれが見受けられるため今回のタイミングで防水専用塗料を施工することを推奨いたします。
FRP…樹脂を繊維で補強させた繊維強化プラスチックのこと

カビ・コケ発生状況

外壁材に関して、建物の通気状況も良くカビやコケが発生しているところは見受けられませんでした。

シーリング

シーリングの劣化が進行しております。今回のタイミングで目地部分は打ち換え・サッシ部分は片カット打ち替えをすることで雨水の浸入を阻止し、お家を長持ちさせることができます。

笠木状況

経年変化の影響により笠木部分の釘が抜けている箇所があります。抜けている箇所は専用ステンレスビスで打ち替えを行い、ポリウレタン系シーリングで補修をし、塗装をする必要があります。

ベランダ笠木

ベランダ笠木のつなぎ目のシーリングが劣化しております。こちらも打ち換えをきちんとすることで雨水の侵入を阻止し、お家を長持ちさせることができます。

正確な見積もりをチェックする

見積もりを確認する上で大切なチェックポイントを伝授。見積もりの見方を把握して、信頼できる会社に工事を依頼しよう。

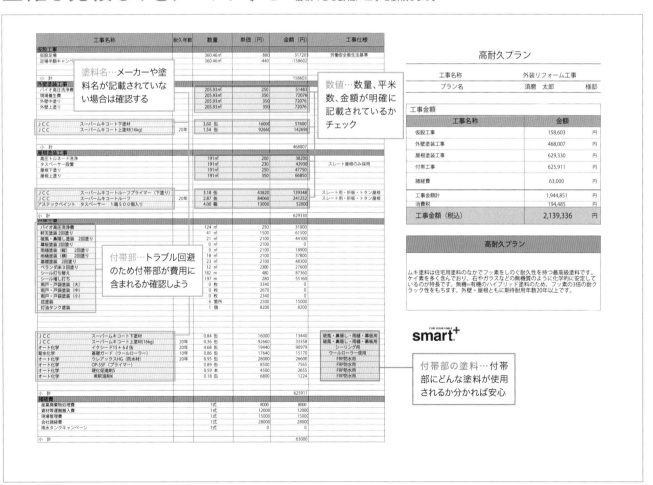

会社選びの前に知っておきたい。
リフォーム会社と塗装会社の違い

塗装会社 ＝ 皮膚科の医院

病院に例えると、塗装会社は皮膚科というイメージ。塗装のみを専門的に施工するため知識も豊富で、専属の職人に施工してもらえるという安心感もある。しかし、リフォームには外壁や屋根をきれいにするだけでは解決しない問題を抱えていることもある。塗装を専門にしている場合、その他の提案ができるかどうかは会社によって異なる。

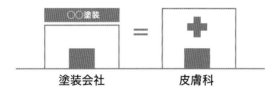

塗装会社　＝　皮膚科

リフォーム会社 ＝ 総合病院

専門性の高い塗装会社が皮膚科なら、リフォーム会社は総合病院。外装リフォームだけでなく、家全体をリフォームの対象として見てくれる。劣化具合や問題点に合わせて、葺き替えやカバー工法など、塗装以外の処方箋を出すことができるのも魅力。水回りなどのリフォームも依頼できるので、住まい全般のかかりつけ病院としての役割も担う。

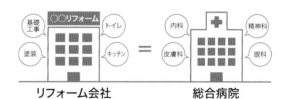

リフォーム会社　＝　総合病院

契約を交わす前に会社の把握を。
信頼できる会社と判断するポイント

①何かあったらすぐに対応してくれるか

リフォームには予測不能なトラブルや出来事がつきもの。そんなとき、依頼した会社が迅速に対応できるかがポイントになる。地元で実績のある会社は、安心感が高い。

②ご近所の評判は良いか

近所で外装リフォームをしている人がいるのなら、その評判を聞いてみよう。その会社の信頼感、営業担当の人柄、職人の仕事ぶりまで分かってくる。生の声を集めよう。

③常に新しい情報を発信しているか

最新の塗料や屋根材、塗装方法などが次々と開発されている外装リフォーム。こうした新しい情報を積極的に取り入れ、顧客へ発信しているのかも会社を見分ける重要なポイント。

④アフターフォローは万全か

不具合を未然に防ぐため定期的にコンタクトを取ったり、不具合があったときにはすぐ対応してもらえることは、とても大切。定期点検や保証の有無を必ず確認しよう。

耐久性・コスト・性能を究めた 最高の塗料

断熱・遮熱塗料 「ガイナ」

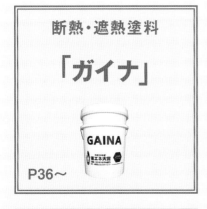

P36〜

超耐候性塗料 「スーパームキコート」

P38〜

美壁革命 「超低汚染リファインMF-IR」

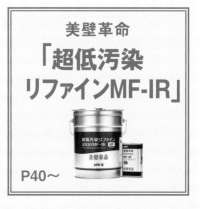

P40〜

超耐候性塗料 「無機ハイブリッドチタンガード®」

P42〜

完全保存版 塗料比較表

P48〜

塗料の選び方

P50〜

塗料の知識

P54〜

塗装するならコレに注目!

塗るだけで断熱・遮熱・高耐久・空気環境改善・防音を発揮!

「ガイナ」がオススメな理由

塗布するだけで断熱、遮熱、防音などの効果がある断熱セラミック塗材「ガイナ」。
その品質はロケット技術から応用されJAXA（ジャクサ）とライセンス契約するほど。
「ガイナ」は夏も冬も、昼も夜も快適な暮らしを約束し、環境改善に寄与します。

その①…セラミック中空ビーズ

「ガイナ」は断熱性能に特化したセラミック（無機）と、特殊樹脂とのハイブリッド塗料。このセラミックが遮熱・断熱、防音、防臭など幅広い効果をもたらし、他の塗料と一線を画す。

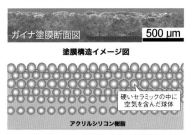

ガイナ塗膜断面図　500 μm

塗膜構造イメージ図

硬いセラミックの中に空気を含んだ球体

アクリルシリコン樹脂

10〜20ミクロンの微細な中空の球体セラミックがさまざまな効果を発揮

その②…高耐久かつ省エネ

一般塗料の耐久年数10年に比べ、ガイナは約15〜20年。さらに、遮断熱効果により15年間で45万円の冷暖房費の削減が見込める。高耐久かつ、省エネ効果を期待できる塗料だ。

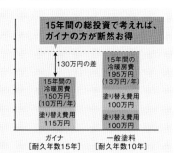

15年間の総投資で考えれば、ガイナの方が断然お得

	ガイナ [耐久年数15年]	一般塗料 [耐久年数10年]
15年間の冷暖房費	150万円 (10万円/年)	195万円 (13万円/年)
塗り替え費用	115万円	100万円

130万円の差

その③…原点は宇宙技術

日本の宇宙研究の中心であるJAXA（ジャクサ）は、ロケットの打ち上げ時の摩擦熱から先端部分を守るための塗料を開発した。これを住宅用に技術転用したのが「ガイナ」だ。

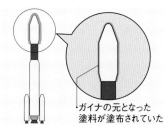

ガイナの元となった塗料が塗布されていた

JAXAは、ロケット先端部分に耐熱塗料を塗装している

その④…外にも内にも塗装可能

建物の外壁はもちろん、内壁に塗布することも可能。遠赤外線放射性能により室内にマイナスイオンを発生させ、室内の空気質を改善し、さらに騒音や結露も低減させる。

外壁　屋根　屋上　室内

室内に塗れば、結露抑制効果も期待できる。

室内、外壁、屋上、屋根板にも利用されている

平成29年度
省エネ大賞
（製品・ビジネスモデル部門）
主催：一般財団法人省エネルギーセンター　ガイナはJAXA COS

こんなにすごい!

「ガイナ」の効果

① 省エネ効果（夏）

「ガイナ」を使用すれば、太陽の熱を反射・放射し、建物内部への熱の侵入を軽減。また室内の熱を外に逃さない。それによって夏の厳しい暑さ、冬の寒さを防ぐことができ、住まいの省エネにもつながる。

実測値で
夏季26.7%削減!
冬季21.6%削減!

年間の冷暖房費
約23%節約

遮熱実験（首都大学東京）

ガイナを内外装に塗装　　一般塗料を内外装に塗装

② 断熱効果（冬）

ガイナは室内の熱エネルギーを封じ込め熱を外に逃がさないから「冬暖かい」。この「断熱＆保温」効果で昼夜問わず年間通して高い省エネ性を発揮する。

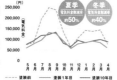

夏季 電気料金削減率 約50%　冬季 電気料金削減率 約40%

----- 塗装前　—— 塗装1年目　—— 塗装10年目

【POINT】
・年間を通してコスト削減を実現
・長期的な経済効果が持続
【種別】倉庫屋根　【地域】埼玉県
【塗装箇所】折板屋根 1300㎡

③ 15年以上の耐久性

特殊セラミックビーズが塗膜の表面を覆いつくす。この塗膜は無機質なので紫外線での劣化がしにくく、その耐久性は約15〜20年。遮断熱効果による省エネも含めると「ガイナ」の経済性は極めて高い。実際に屋根へ施工後、20年経過している実績あり。

▼ 10年後…

美観を維持

④ 空気環境改善効果

「ガイナ」の塗膜は帯電ゼロの証明つき。汚れの原因となる塵やホコリは静電気によって壁に付着する。しかし、「ガイナ」の表面には付着しない。さらに不燃認定・F☆☆☆☆を取得しており安全性を証明。

静電気試験

ガイナ　付着した数 0個

「ガイナ」を塗った試験体

未塗装　付着した数 103個

一般塗料を塗った試験体

⑤ 防音効果

特殊セラミックで構成された「ガイナ」を塗布すると、音が反射制振されるため音の侵入や漏れを防ぐ効果がある。家の前を通る車や人の話し声などを遮断し、室内の話し声も外に漏れにくい。

衝撃音試験

ハンマーで叩いたときに約20デシベルの差が出た。

74.9

「ガイナ」を塗ったフライパン

94.7

一般塗料を塗ったフライパン

圧倒的
コストパフォーマンス
超耐候性塗料
「スーパームキコート」

無機の特徴である優れた耐候性と
有機の特徴である耐クラック、耐屈曲性の
両方を兼ね備えた次世代の超耐久性
水性無機ハイブリッド塗料。
その耐久性の高さから、
マンションなどの外壁にも多く採用されており、
極めて使い勝手の良い塗料として
高い評価を得ている。

Point

「スーパームキコート」の「ムキ」は「無機」のこと。色褪せなど、
劣化の原因になる有機物に比べ、紫外線や熱に強く劣化しにくい。

臭気がやわらかく居住者の健康に配慮した塗料。
シックハウス症候群の対策はF☆☆☆☆基準をクリア。

紫外線や雨風による変色・劣化など、変質への耐候性に優れ、
時間が経過しても塗装時の光沢がほとんど落ちない。

帯電しにくく、親水性に富んだ塗膜が建物に付着した汚れを除去。
いつまでも美しい外観を保つ。また難燃性にも優れる。

Check

超耐候性塗料「スーパームキコート」徹底分析

「スーパームキコート」をすすめるメーカーに、なぜ施工する家が増えているのかを聞いてみた。

その①

ハイブリッド塗料

「スーパームキコート」は、劣化しにくいという無機塗料の長所と有機塗料の長所である弾力性を持ち合わせた「次世代水性ハイブリッドシリコン塗料」。多彩な実力を発揮する。

無機物は化学的に安定しており、例えば陶器茶碗に日を当てても劣化しないのと同じ

その②

シリコン含有量50%以上

一般的にはシリコンの含有率が5%弱でもシリコン塗料と呼ばれるが、「スーパームキコート」の含有率は約50%と非常に高い。シリコンを含む樹脂成分が多く含まれているため、高い耐候性を実現する。

シリコンを含む樹脂成分含有率

シリコン含有率 **5%**

一般的なシリコン樹脂塗料

シリコン含有率 **50%**

スーパームキコート

劣化原因の「有機物」ではなく、「無機物」のシリコンが50%含まれている

その③

模様を残すクリア塗料

窯業系サイディングは激しく劣化すると、外壁の模様を塗りつぶさなければならないため注意が必要。「スーパームキコートクリヤー」なら、模様を残し保護しながら耐久性もアップさせることができる。

「スーパームキコートクリヤー」は、美しい光沢を維持できる

Voice

リフォーム会社・職人・お施主様に聞いた全国の声

どんなに施工されていても、使った人の評価が悪いのでは意味がない！ 全国の「スーパームキコート」を使用したリフォーム会社などにその使い心地を聞いてみた。

色褪せ知らず

過去に施工した物件を見に行くと、まったく色褪せていません。また、ツヤ無しの塗料の上からツヤ有りの塗料で仕上げるので、塗り忘れが素人でも分かるのも安心です。

低価格でうれしい

低コストで長持ちする質の高いものを塗りたいという方におすすめ。外壁塗装において最高級のフッ素系塗料とほぼ同等の性能を誇り、コストパフォーマンスにも優れています。

雨染みやコケも解消

雨染みやコケなどの汚れに長く悩んでいる方におすすめの塗料。汚れがつきにくく、ツヤも長持ちします。屋根材では推奨していないものもあるので注意しましょう。

ひび割れにも強い

紫外線や雨風に対する「圧倒的な強さ」と、振動や伸縮などの住宅の動きに合わせた「柔軟性」は、現在の住宅に対して最適な塗料だと思います。

水性でにおいなし

上塗り材が水性塗料なので、工事中心配なにおいがほとんどありません。近隣の方にご迷惑をかけずに済むのも魅力。美しい仕上がりにもみなさん大満足です。

お気に入りを残せる

サイディングの柄が気に入っていらっしゃる方には、クリア塗装がおすすめ。柄を残しながら、色付きの塗装と同じく外壁を長持ちさせることが可能です。

超低汚染性、高耐候性、遮熱性を発揮して長期間美観を維持する「超低汚染リファインMF-IR」

「超低汚染リファインMF-IR」は
塗膜への汚れの付着を防ぐ優れた
『超低汚染性』に加え、『高耐候性』、『遮熱性』、
さらに超低汚染性と遮熱性の
組み合わせによる『遮熱保持性』など、
建物の美観を損なう要因に対して
強い耐性を発揮する屋根・外壁用塗料。
住宅やアパート、マンションなどあらゆる建物の
美観保持を目的に使用されている。

Point

紫外線に強い完全交互結合型フッ素樹脂の採用と無機成分の配合により、期待耐用年数20〜24年相当の高耐候性を実現。

親水性に富んだ塗膜を形成するため、雨水が屋根・外壁に付着した汚れを洗い流し塗りたての美しさを長期間維持できる。

特殊遮熱無機顔料を使用しているため、近赤外線を効果的に反射することで、室内温度の上昇を抑制し、生活環境の快適化に貢献。

蓄熱の原因となる汚れが定着しにくいため、長期にわたって遮熱効果を維持する。

Check

「超低汚染リファイン」の性能のメカニズムを徹底分析

「超低汚染リファイン」がお施主様に選ばれる大きな理由である「超低汚染性」と「遮熱保持性」のメカニズムをメーカー担当者に聞いてみた。

超低汚染性のメカニズム①

雨水で汚れを洗い落とす

「超低汚染リファイン」は塗膜が水となじみやすいため、付着した汚れと塗膜の間に雨水が入り込み汚れを洗い流します。このセルフクリーニング機能により美観を長期にわたり維持します。

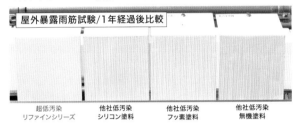

屋外暴露雨筋試験/1年経過後比較

超低汚染リファインシリーズ／他社低汚染シリコン塗料／他社低汚染フッ素塗料／他社低汚染無機塗料

超低汚染性のメカニズム②

カビや藻の発生を抑制

高い防カビ・防藻性があるため、湿気の多い環境において美観低下の原因となるカビや藻の発生を抑制します。カビはアレルギーの原因にもなるので、健康にも優しい塗料です。

カビ・藻の抵抗性試験
培養4週間後の様子

カビ

藻

超低汚染リファインシリーズ／汎用塗料

遮熱保持性のメカニズム

長期にわたって遮熱性を発揮

一般的な遮熱塗料は汚れの付着により、遮熱効果が低下しますが、「超低汚染リファイン」は汚れの付着を抑制するため、長期的に遮熱性を維持することができます。

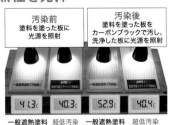

汚染前 塗料を塗った板に光源を照射／汚染後 塗料を塗った板をカーボンブラックで汚し、洗浄した板に光源を照射

41.3℃ 40.3℃ 52.9℃ 40.4℃

一般遮熱塗料／超低汚染リファインシリーズ／一般遮熱塗料／超低汚染リファインシリーズ

Voice

全国の塗装店・職人・お施主様に聞いたリアルボイス

どんなに施工されていても、使った人の評価が悪いのでは意味がない！ そこで、全国の「超低汚染リファイン」を使用した塗装店・職人・お施主様にその使い心地を聞いてみた。

ニーズを満たす塗料

実家の外壁に苔や汚れが発生した体験から、汚れに強い性能が、お施主様の長期的に美観を維持したいというニーズを満たせると実感したので自信を持っておすすめできます。

株式会社天羽塗装
営業歴8年　神子周作 様

白色の提案も安心

白色系の色は一般の塗料では汚れが目立ちやすいのですが「超低汚染リファイン」の低汚染性があれば白色でも汚れが付きにくく安心して提案することができます。

株式会社ミヤケン
営業歴7年　澤井翔太 様

リファインが好き

実際の倉庫で他社塗料と比較し、優れた低汚染性が実証できています。また、遮熱性により、下地の保護が期待できます。自宅の塗り替えにも使用したいほど、リファインが好きです。

髙麗塗装工業
職人歴25年　髙麗太輔 様

においも気にならない

お施主様の中には、塗装中のにおいを気にする方もいらっしゃいますが、2液の塗料ではあるものの水性塗料独特のにおいがする程度で、あまり気にならないかと思います。

株式会社英
職人歴10年　仲尾次友寛 様

実験による信頼感

「超低汚染リファイン」の提案の際に目の前で他社塗料との汚れの比較実験をしてもらいましたが、目で見て汚れにくさが分かり安心感を持って採用することができました。

東京都　50代　男性

家の美観維持に期待

塗装会社の営業の方に強くおすすめされて、その熱意からすぐに採用を決めました。仕上がりには大変満足しており、これからどれだけ家をきれいに維持できるか期待しております。

兵庫県　70代　男性

PAINT LINE ジャパン
無機ハイブリッドチタンガード®
30年耐応塗料

「無機ハイブリッドチタンガード®」は耐候性に
優れる無機成分オルガノポリシロキサン、
グリシジル基含有シリコーンオリゴマー、
特殊チタンの配合技術により、優れた耐候性と
耐汚染性を実現。
また、特殊チタンは高い屈折率を持っており、
熱や紫外線に最も強く、強靭な塗膜が形成される。
さらに、柔軟性が高く、ひび割れしにくいという
特性がある高品質塗料だ。

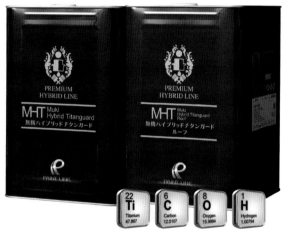

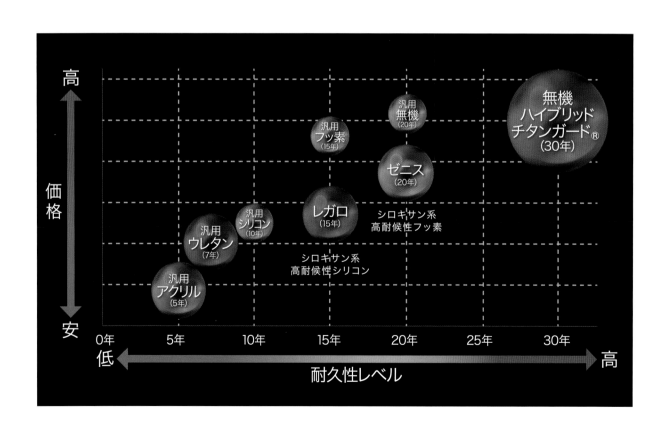

特殊チタンを配合した
次世代のハイグレード無機塗料
MUKI HYBRID TITANGUARD

特殊クワトロガードシステム【4つの新技術効果】

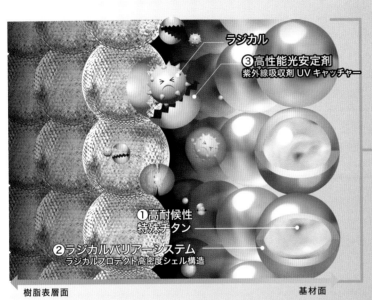

ラジカル
③高性能光安定剤
紫外線吸収剤 UV キャッチャー

①高耐候性
特殊チタン

②ラジカルバリアーシステム
ラジカルプロテクト高密度シェル構造

樹脂表層面　　　　　　基材面

酸素
ケイ素

シリコーンオリゴマーシロキサン結合
樹脂にシリコーンオリゴマーのシロキサン骨格を
結合することにより紫外線劣化に対する耐候性を向上

次世代のハイグレード無機塗料

次世代型高耐候性塗料シリーズの、研究開発型企業団体「PAINT LINE ジャパン」は高品質塗料の製品化に成功。同社が展開する外壁・屋根・鉄部用の特殊チタン配合型無機ハイブリッド型塗料「無機ハイブリッドチタンガード® シリーズ」は、オルガノポリシロキサン系樹脂とグリシジル基含有シリコーンオリゴマーからなる塗料。熱や紫外線に安定なポリシロキサンが、フレキシブル性に優れた特殊成分と変成技術により、優れた耐久性、超低汚染性を発揮し、耐クラック性を兼ね備え、さらに特殊チタンの配合技術により最大30年間の塗膜劣化の抑制が可能。期待耐候年数30年間という異次元の超耐久性・超低汚染性の要因として「特殊クワトロガードシステム」が挙げられる。そもそも塗料の劣化は紫外線による樹脂劣化と酸化チタンへの紫外線照射によるラジカルの発生に伴う顔料露出と樹脂劣化であるが、同システムにおいては❶特殊チタンに❷高密度シェル加工を施し、ラジカルバリアーシステム（＝特殊チタン）を取り入れた。さらに❸高性能光安定剤により顔料・樹脂劣化を抑制する。またフローティングハイドロシステムにより塗膜表面に親水基を配合して、雨水が壁面に広がって汚れ等を浮かび上がらせ、汚染物が流れ落ちる特殊技術を導入している。「PAINT LINE ジャパン」はさらなる次世代塗料の研究開発を行い、消費者に対して安全・安心を提供している。

❹特殊架橋型ハイグレード樹脂

オルガノポリシロキサン系樹脂と
グリシジル基含有シリコーンオリゴマー
からなるハイグレードな樹脂

サイディングボード(基材)
下塗り層
中塗り・上塗り層

PAINT LINE ジャパン
「無機ハイブリッドチタンガード®」の効果

こんなにすごい

① 耐用年数最大30年

「特殊チタン」は無機顔料の中でも高い屈折率を持ち、紫外線や雨・風、塩害など過酷な気候条件に強い。そのため、長期間にわたって建築物の美観を保つことができる。

宮古島10年暴露における耐候性比較

宮古島の紫外線は本州の**3倍**の促進効果があります。

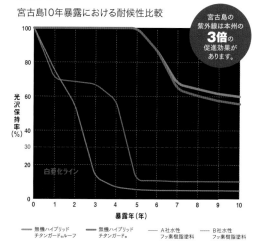

光沢保持率（%）

白亜化ライン

暴露年（年）

―― 無機ハイブリッドチタンガード®ルーフ　―― 無機ハイブリッドチタンガード®　―― A社水性フッ素樹脂塗料　―― B社水性フッ素樹脂塗料

② 雨筋の汚れを未然に防ぐ

フローティングハイドロシステム（超低汚染のメカニズム）で塗装後約3カ月で成膜し、その後、超親水性効果によって汚れが付着しにくくなる。

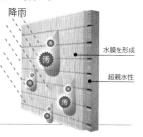

降雨

水膜を形成

超親水性

③ 高温でも燃えにくい塗膜

特殊チタンと無機成分「オルガノポリシロキサン」の配合により、シリコン・フッ素塗料と比べ塗膜が燃えにくい。一般財団法人建材試験センターが行っている耐火試験にも合格している。

無機ハイブリッドチタンガード®シリーズ

3分間で燃焼

（1700℃）トーチバーナー

他社のフッ素樹脂塗料

3〜5秒で燃焼

（1700℃）トーチバーナー

④ 柔軟でひび割れしにくい塗膜

他社製品の無機塗料、フッ素樹脂塗料は、∅10mmの曲げ試験で塗膜にひび割れが入るが、無機ハイブリッドチタンガード®シリーズは、∅1.5mmでもひび割れが起きない。

Φ:折り曲げたときの両サイドの厚み

1.5 mm

10mm

（左）他社無機塗料　（右）無機ハイブリッドチタンガード®シリーズ

⑤ 塗り替え回数を削減でき、経済的

超高耐候性のため、塗り替え時期の延長が可能。トータルメンテナンスコストを圧倒的に抑えることができる。

※塗り替え時期は概算で、建物の立地形状、素材の性質、気候条件等で異なる。

無機ハイブリッドチタンガード®シリーズ 塗り替え **1回**

フッ素塗料 塗り替え **2回**

アクリルシリコン塗料 塗り替え **3回**

ウレタン塗料 塗り替え **4回**

30年間で試算（計算）した場合のシミュレーション

⑥ 特殊チタンによるラジカル制御効果

宮古島の強烈な紫外線での実証実験を基に顔料選定を実施。劣化の原因となるラジカル反応を格段に制御する新技術、高耐候性特殊チタンを導入し、ラジカルプロテクト高密度シェル構造により塗膜の樹脂劣化を外側・内側からも制御する。

一般的に酸化チタンの強力な酸化作用が塗料中の樹脂を攻撃し破壊してしまうといわれている。

①ラジカル反応を抑制し紫外線劣化を防ぐ　②シリコーンオリゴマーシロキサン結合

高耐候性特殊チタン

新技術導入

（ラジカルプロテクト高密度シェル構造）

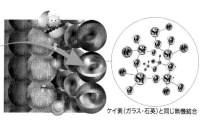

ケイ素（ガラス・石英）と同じ無機結合

沖縄県宮古島の屋外暴露試験場で NO.1の耐久性が認められた唯一の塗料

一般的に、塗料の耐候性能を評価する方法としては、促進耐候性試験と屋外暴露試験の2種がある。促進耐候性試験機は早期に劣化を確認できる反面、実現場との相関性が合わないことがあるため、正確性に欠けるというデメリットがある。より確実に劣化を評価する方法として屋外暴露試験があるが、その中でも最も有効な手段として公的機関の宮古島屋外暴露試験場がある。同地は本州と比較して紫外線照射量が非常に多いため、本州と比べて約3倍のスピードで塗膜が劣化するといわれている。無機ハイブリッドチタンガード®シリーズは、その宮古島屋外暴露試験で10年経過しても光沢保持率40%以上・白亜化度3以下を保持する結果となり、約30年相当の耐久性があることが証明された。

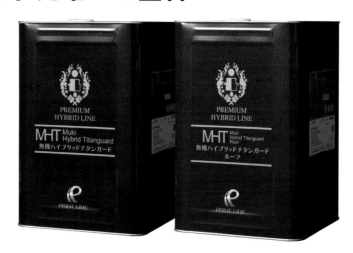

屋外暴露＆促進試験機 W試験・工場直送

PAINT LINE ジャパン

その他のラインアップ
LINEUP 無機ハイブリッド チタンガード® シリーズ [屋根・外壁・その他部位]

「中小企業からニッポンを元気にプロジェクト」
公式アンバサダー
ロンドンブーツ1号2号 田村 淳

Deluxe 無機

2液無機塗料をも凌駕する特殊チタン配合
ラジカルバリア・シロキサン無機4Fフッ素樹脂塗料
「ZENITH / ゼニスシリーズ」

艶調整可能

クワトロガード技術採用・屋根・外壁・
水性タイプ・1液弱溶剤タイプ・遮熱タイプ

建物の美しさを長持ちさせる塗料。超親水性の塗膜は、空気中のチリや埃、排気ガスなどによる雨筋汚れを抑えるのが特徴。また「特殊チタン」配合と「4フッ化フッ素樹脂」と「シロキサン（ケイ素・ガラス）」の結合による高い耐候性も備えている。遮熱型には特殊遮熱顔料が加えられており、表面温度を5℃〜15℃程度抑制し、熱劣化を防いでくれる。夏の暑さにも強い遮熱効果を発揮。さらに防藻・防カビ試験においても優れたスコアを記録。
1液タイプでありながら汎用2液型無機塗料をも凌ぐ性能の高さを持ち合わせている。

F★★★★ **20〜23年** 耐用年数

Standard 無機

フッ素以上の耐久性を発揮する次世代無機＋シリコン樹脂塗料
ラジカルバリア・シロキサン無機シリコン樹脂塗料
「REGALO/ レガロシリーズ」

艶調整可能

クワトロガード技術採用・屋根・
水性タイプ・1液弱溶剤タイプ

特殊シリコンに耐候性が優れた無機成分「オルガノポリシロキサン」を配合して生まれた、紫外線や雨・風に強い塗料。クワトロガードシステムと特殊チタンの配合技術により紫外線劣化を防ぎ、低汚染性を向上。また、塗料はすべて1液タイプで作業性に優れ、安定した性能を実現。優れた光沢性とフレキシブルな塗膜とともに、汚れの付着が少なくきれいを長続きさせてくれる。艶やかな仕上がりは親水性・防藻・防カビ性能にも優れ、2液型フッ素塗料をも凌ぐ塗膜によりクリーンな屋根・外壁を長期間維持できる。

F★★★★ **15〜17年** 耐用年数

建物に美しい優雅さと個性を与える優れた意匠性

バリアストーンⅡなごみ

艶消 外壁・水性タイプ・特殊ゲル多彩シリコン樹脂塗料

塗布するだけで、天然石のような深みを感じるマッドな高級感ある仕上がりの色調に。
いつまでも見ていたくなるような美しく優雅な外観を演出。

クリアstyle
現代的ですっきりしたイメージ。都会的なクールさを好むタイプにおすすめなモダン色です。

VN-01G

トラディショナルstyle
格調高く重厚なイメージ。伝統的な落ち着きを好むタイプにおすすめなクラシックな配色です。

VN-06G

ウォームstyle
明るく温かなイメージ。穏やかな優しさを好むタイプにおすすめなナチュラルな配色です。

VN-11G

シリコングレードを超えたハイブリッドテクノロジーラジカル制御塗料

ラジカルバリアコート

艶調整可能 外壁・1液型・水性タイプ・弱溶剤タイプ

HYBRID LINE
樹脂年数 10〜13年

クワトロガードテクノロジー技術を採用することにより、最大限に樹脂性能を活性化するハイブリッド化に成功した。
高い透湿性をはじめ、高親水性・低汚染性も実現する高性能塗料。

- ラジカル
- HALS（ラジカル捕獲技術採用）
- 特殊酸化チタン（微粒子酸化チタン選定技術）
- ラジカルバリアコーティング（ラジカルの発生を防ぐ特殊コーティング加工採用）
- UVキャッチ（特殊光安定剤採用）

樹脂表層面　　基材面

特殊ポリマー樹脂とラジカルバリアコーティング

- サイディングボード（基材）
- 下塗り層
- 中塗り・上塗り層
- 特殊ポリマー樹脂とラジカルバリアコーティングのハイブリッド技術によりシリコングレードを超える高耐候性塗料を実現

PAINT LINE・ネットワーク 加盟店一覧

高耐候性塗料と施工技術の高いメンテナンスでお客様の住まいを守り、
地域に根差した安心・安全な暮らしの活動を続けてまいります。

❶ PAINT LINE 埼玉北店
埼玉県さいたま市北区別所町52-10
TEL：048-783-4521
https://www.paint-line.jp/
https://www.paint-ageo.com/

❷ PAINT LINE 埼玉西店
埼玉県さいたま市北区別所町52-10
TEL：048-783-4521
https://www.paint-line.jp/
https://www.paint-ageo.com/

❸ PAINT LINE 久喜蓮田店
埼玉県北足立郡伊奈町大字小室2268-125
TEL：0120-55-5056
https://www.paint-line.jp/
https://keinasu3.com/

❹ PAINT LINE 埼玉日高店
埼玉県日高市旭ヶ丘291-1
TEL：042-978-5363
https://www.paint-line.jp/
https://kapen.co.jp/

❺ PAINT LINE 浦和店
埼玉県さいたま市浦和区仲町3-13-15
TEL：048-612-4985
https://www.paint-line.jp/
https://www.plu39.com/

❻ PAINT LINE 世田谷店
東京都世田谷区粕谷1-11-24
TEL：03-5357-8651
https://www.paint-line.jp/
https://plj-setagaya.com/

❼ PAINT LINE 横浜鶴見店
神奈川県横浜市鶴見区駒岡2-2-19 ヨコスカビル12F
TEL：045-717-7547
https://www.paint-line.jp/
https://www.instagram.com/hamashokensetsu/

❽ PAINT LINE 千葉京葉店
千葉県船橋市湊町2-12-24 湊町日本橋ビル6F
TEL：0120-963-403
https://www.paint-line.jp/
https://www.reblisshome.co.jp/

❾ PAINT LINE 栃木宇都宮店
栃木県宇都宮市白沢町2020-7
TEL：028-612-1938
https://www.paint-line.jp/
https://plj-tochigiutsunomiya.com/

❿ PAINT LINE 栃木小山店
栃木県小山市旭町6-7-20
TEL：0285-20-8055
https://www.paint-line.jp/
https://www.shima-j.co.jp/

⓫ PAINT LINE 茨城つくば店
茨城県土浦市荒川沖東3-3-2 OGビル2F
TEL：029-896-6593
https://www.paint-line.jp/
https://okuhiro.net/

⓬ PAINT LINE 愛知東店
愛知県豊田市木町5-6-11 第1司ビル1F
TEL：0120-939-544
https://www.paint-line.jp/
https://www.nishiyama-jyusetsu.com/

⓭ PAINT LINE 岐阜中央店
岐阜県岐阜市入舟町1-7
TEL：058-213-7234
https://www.paint-line.jp/
https://gidaisoken-reform.com/

⓮ PAINT LINE 仙台北店
宮城県仙台市宮城野区岩切羽黒前87
TEL：0120-393-582
https://www.paint-line.jp/
https://www.cocoronokensetu.com/

⓯ PAINT LINE 仙台太白店
宮城県仙台市太白区茂庭字川添東4-14
TEL：022-395-6888
https://www.paint-line.jp/
https://plj-sendaitaihaku.com/company/

⓰ PAINT LINE 京都店
京都府京都市伏見区中島前山町74 3F
TEL：0120-409-233
https://www.paint-line.jp/
https://fresh-home-reform.com/

⓱ PAINT LINE 香川高松店
香川県高松市今里町1-29-24 OSAビル1F
TEL：0120-101-125
https://www.paint-line.jp/
https://kagawa-home-service.com

⓲ PAINT LINE 徳島店
徳島県徳島市城東町2-8-1
TEL：088-624-8855
https://www.paint-line.jp/
https://kagawa-home-service.com

⓳ PAINT LINE 広島西店
広島県広島市佐伯区八幡2-26-31 扇ビル1F
TEL：0120-061-817
https://www.paint-line.jp/
https://www.omoiai.com/

⓴ PAINT LINE 周南店
山口県周南市富田2726
TEL：0834-34-1039
https://www.paint-line.jp/

㉑ PAINT LINE 下関店
山口県下関市川中本町2-2-47
TEL：083-242-2020
https://www.paint-line.jp/

㉒ PAINT LINE 八幡西店
福岡県北九州市八幡西区京良城町4-12
TEL：093-641-8296
https://www.paint-line.jp/
https://ueda-tosou.co.jp/

㉓ PAINT LINE 大分店
大分県大分市明野北5-17-11
TEL：092-791-6446
https://www.paint-line.jp/
https://dig-sun88.p-kit.com/

㉔ PAINT LINE 沖縄店
沖縄県那覇市高良3-8-23-4F眞高商事ビル
TEL：098-859-7118
https://www.paint-line.jp/

総合窓口 「無機ハイブリッドチタンガード® シリーズ」について

 PAINT LINE ジャパン
〒751-0859 山口県下関市川中本町2-2-47
[販売元]PLジャパン株式会社
☎0120-107-118

PAINT LINE クワトロガード システム動画
無機ハイブリッド チタンガード® コンセプト動画
PAINT LINE ジャパン 公式WEBサイト
PAINT LINE ジャパン PR動画

最高の塗料

耐久性・コスト・性能を究めた

完全保存版 塗料比較表

塗料は生涯の
トータルコストで選択すべし。

完全保存版 塗料

	アクリル塗料	ウレタン塗料	シリコン塗料	フッ素塗料
塗料	低価格で重ね塗りができるため、短いサイクルでさまざまな色に塗り替えることが可能。ただし、耐久年数が5〜6年と短く、クラックが生じやすいこともあり、塗装後もこまめなメンテナンスが必要	アクリル塗装より防水性と耐久性に優れ、価格や性能を考えるとバランスの良い塗料といえる。塗膜が柔らかく仕上がるため、あらゆる素地に多用されるが、耐久年数が7〜10年と短い	品質に対する価格の手頃さが大きな魅力で、機能性や価格からいえばコストパフォーマンスも良く、住宅にかかるトータルのライフサイクルコストを大きく削減できるため人気も高い	ガラス製塗料の寿命は非常に長く、耐候性もほかの塗料に比べて抜群。航空宇宙産業機器に使用されるほどの耐熱性・耐寒性に加え、低摩擦性や不燃性など数多くの機能を持つ一方、非常に高価格のため、一般住宅にはまだ広く普及していない
耐久年数	5〜6年	7〜10年	10年	15年
仕様	✕ ひび割れしやすく、すぐに色褪せする	△ 艶のある仕上がり。塗り替えた直後は、ピカピカでアクリル塗料より光沢が持続する	◯ 艶のある仕上がり。塗膜に光沢があり比較的長く光沢が続く	◎ 光沢感があり、防汚性も高いため、塗装後の美しさが長続きする
性能	✕ 特筆すべき機能なし	✕ 特筆すべき機能なし	✕ 特筆すべき機能なし	◯ 高耐久
こんな方におすすめ！	耐久性は求めず、とにかく価格重視で、家のイメージを気軽に何度も変えたいと考えている方	価格を抑え、5〜7年サイクルで別の色に塗り替えたい方や、現在の家に10年以上住む予定がない方。細部のみ、あるいは一部分のみ塗りたい方	耐久性とコストのバランスを重視したい方、長期的な目線でコストを落としたい方など	定期的に塗り替えをしなくてもよいよう、価格は高くても長期間美しさをキープしたい方
デメリット	汚れやすく耐久性に欠けるため、塗り替えが頻繁に必要	耐久性、防汚性、紫外線への強さにおいては他の塗料よりやや劣る	メーカーによって水性や油性、1液型や2液型など多種多様なので性能の違いを判断しづらい	フッ素樹脂は、高品質なので塗料の価格が他と比べて高価である
価格目安 ※建坪30坪の住まいを想定 ※足場・洗浄費は含まず	35万円（付帯部含む）	45万円（付帯部含む）	70万円（付帯部含む）	85万円（付帯部含む）

比較表

技術開発に伴って、塗料にも続々と高性能の製品が登場し、価格も性能も多彩であることから、「どれを選んでいいのか分からない」という方も多いことだろう。そこで、現在使われている主な塗料をピックアップ。比較検討しやすいようにその特徴を一覧にして紹介しよう。

ガイナ	スーパームキコート	超低汚染リファインMF-IR	無機ハイブリッドチタンガード®
宇宙ロケットの断熱技術を民間転用して開発された断熱塗料。紫外線に対して最も強いセラミックを使用しているため、耐久年数は一般的な塗料の約2倍にあたる15〜20年。遮断熱効果で冷暖房費の削減ができるのも大きなメリット	一般的なシリコン塗料を改良した無機有機ハイブリッド塗料のため、耐久年数はシリコン塗料が約10年であるのに比べ、20年以上と長持ち。レンガ調のサイディングなどがそのまま長く楽しめるクリア塗料もある	塗装後の美しさを長期的に維持する超低汚染塗料。汚れの付着やカビ・藻の発生を抑制できる低汚染性に加え、高耐候性や遮熱性等、「美壁」に求められるあらゆる機能を兼ね備えている	光触媒反応を抑制する特殊チタンに耐候性の優れた無機成分を配合した塗料。雨や風、塩害などの過酷な気候状況に強いという特徴を持つ。紫外線の強い宮古島での10年間の暴露実験で26塗料中、最も高い耐候性が立証されている
15〜20年	20年以上	20〜24年	25〜30年
◎ ザラッとした風合いで、マットで上品な仕上がり。濃い色を塗装することは難しい	◎ 艶のある仕上がり。シリコンほどのテカテカ感がなく、上品な艶になる	◎ きめが細かく艶のある美しい仕上がり。好みに合わせて艶感を選べる	◎ 艶やかな仕上がり。超耐候性、超耐汚染性の強靭な塗膜が家の美観を長期間保つ
◎ 断熱・遮熱効果	◎ 超耐候性	◎ 超低汚染性	◎ 超耐候性
夏の暑さや冬の寒さを改善して1年中快適な室温にしたい方、毎月の冷暖房費を減らしたい方、外壁塗装を頻繁にしたくない方	意匠性の高いサイディングを施した外壁を持ち、10年以上現在の家に住む予定の方は、クリア塗装がおすすめ。「せっかく塗装するなら高耐久に」という方	外壁の汚れが気になっている方、外壁に明るい色を使用したい方、家を長持ちさせたい方におすすめ	25年以上塗り替えをしなくてもよい方。また高品質、高性能なのでメンテナンス費をかけたくない方
真っ黒など濃い色はつくれない。屋根塗装では「ガイナ」の反射率が高いため、色見本よりも明るく見えるので要注意	短いスパンで建物を塗り替えたい方は、イニシャルコストが高いので、金額がかかってしまう	2液性のため、低汚染性を発揮させるには、調合比を守り、2分以上撹拌(かくはん)する必要がある	イニシャルコストが他の塗料に比べ高いため短いスパンで塗り替えしたい方には不向き
85万円（付帯部含む）	75万円（付帯部含む）※2回塗り	75万円（付帯部含む）	120万円（付帯部含む）

資材に合わせた最適な塗料を!

外壁材の種類に合わせて選ぶ

外壁といっても、その建材はさまざま。
モルタルやサイディングなど使用されている外壁に合わせて塗料を選択しよう。

モルタル編

クラックの発生を抑える「弾力性」がキーワード

モルタルはクラックが発生しやすい外壁。発生を押さえるためには、建物（下地）の動きに合わせて伸び縮みする弾力性のある塗料を厚く塗るのがポイント。

ひび割れが気になるモルタルの外壁

↓

おすすめは
弾力のある塗料

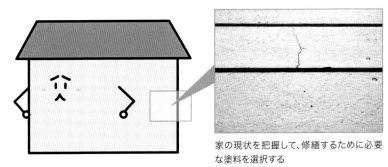

家の現状を把握して、修繕するために必要な塗料を選択する

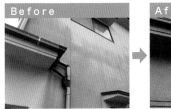
Before

After

→

ひび割れに強い塗料がしっかり密着

サイディング編

紫外線や雨などの環境から大切な家を守る役割も

窯業系サイディングの場合は、既存の柄を生かせるクリア塗装がおすすめ。「スーパームキコートクリヤー」は窯業系サイディングの保護に最適といえる。

模様が美しいサイディングの外壁

↓

おすすめは
模様を生かせるクリア塗料
ex)「スーパームキコートクリヤー」

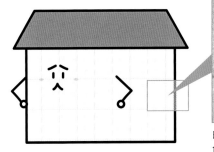

日当たりの良い場所を見ると、当初の外壁の色に比べて色あせや変色が見られる

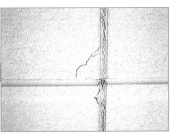

Before

After

→

クリア塗料で上品な艶がよみがえった

まとめ まずは外壁に使用されている建材の短所を把握。
それをカバーするために、必要な機能を持った塗料を選ぶ必要がある。

耐久性・コスト・性能を究めた
最高の塗料

塗料の選び方②

高機能塗料が続々登場!

住まいの悩みを解決する機能性で選ぶ

技術の進歩によって、多様な機能を付加した塗料が登場。
建物の問題を解決できる機能を備えた塗料を探そう。

断熱対策

優れた断熱性能を備え
省エネ効果を発揮

屋根からの暑さ、壁からの寒さを感じる家であれば、断熱効果のある「ガイナ」がおすすめ。断熱性の向上により、住まいの快適性がUPする。また、エコロジー効果も高い断熱塗料は省エネにつながりコストパフォーマンスも抜群。

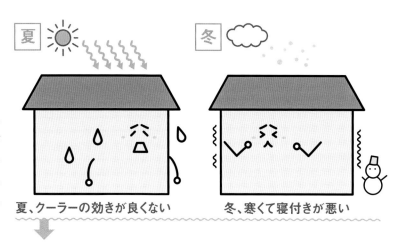

夏、クーラーの効きが良くない　　　冬、寒くて寝付きが悪い

おすすめは
遮断熱効果のある塗料
ex)「ガイナ」

汚れ対策

汚れの原因によっても
選ぶ塗料は変わってくる

特に車道に面している外壁では、汚れが気になるところ。その場合は、汚れが付きにくく、雨水で汚れを浮かせて流してくれるような塗料をセレクトしよう。また、断熱性能の低い家では、湿気や壁内結露などの原因から外壁にカビやコケが発生。カビが発生した場合には、防カビ剤入りでカビの発生と増殖を抑制してくれる塗料が必要になる。

カビやコケ、車の排ガスの汚れ

おすすめは
防カビ効果やセルフクリーニング効果のある塗料
ex)光触媒塗料

まとめ 機能性塗料を塗れば、寒さや暑さなど暮らしの悩みも解決できる。
美観維持や保護以外に目的に応じて塗料選びの基準を変えよう。

塗り替えサイクルを逆算して選ぶ

今後何年、その家に住むのか？

最初に考えておきたいのは、「塗り替えサイクルの目安を何年にするか」。
大まかなサイクルが決まれば、必要な塗料が見えてくる。

塗り替えサイクル 6〜10年の塗料

コストを押さえ、短期間で塗り替えをくり返す

家を気軽にイメージチェンジしたい人や、現在の家に10年以上住む予定のない人には、低コストで塗り替え目安が6〜10年の塗料がおすすめ。耐久年数と居住年数の期間が同じであれば塗料のコストを抑えられる。

■家のイメージを気軽に変えられる

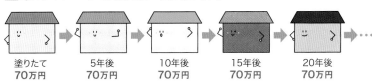

| 塗りたて 70万円 | 5年後 70万円 | 10年後 70万円 | 15年後 70万円 | 20年後 70万円 |

20年間のトータルコスト…350万円

■短い期間しか住まない場合は低コストがお得

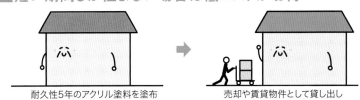

耐久性5年のアクリル塗料を塗布　　売却や賃貸物件として貸し出し

※長く住む場合は、数年ごとの塗り替え費用がかかるので要注意

塗り替えサイクル 25〜30年の塗料

長く住み続けるなら高耐久塗料を選択

現在の家に10年以上住む予定の人は耐久性が20年以上の高耐久塗料を選ぼう。初期コストは耐久性の低い塗料より上がるかもしれないが、長持ちするため、トータルコストで比較したときに賢い選択だといえる。

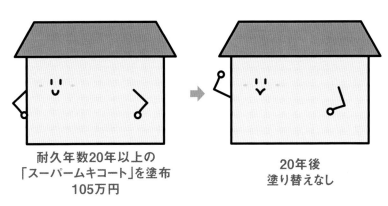

耐久年数20年以上の
「スーパームキコート」を塗布
105万円

20年後
塗り替えなし

20年間のトータルコスト…105万円

まとめ 塗り替えを1回のコストとして捉えず、あと何年間この家に住むのかを考えること。生涯の塗り替えコストを踏まえて判断することが大切。

生涯コストを考えた塗装選びを

トータルコストで見る種類別料金表

外壁リフォームは1度で終わるというものではない。
その家に住み続ける限りずっと続けていかなければならないものだ。
そのため、長い目で見て施工費を考える必要がある。
ここでは、塗料ごとの生涯コストを紹介。塗料決定の参考にしてほしい。

塗料	項目	1回目リフォーム	5年後	10年後	15年後	20年後	25年後	30年後	35年後	40年後	トータルコスト	1年当たりコスト
アクリル塗料 5〜6年	足場	20万	20万	20万	20万	20万	20万	20万	20万	20万	トータルコスト 585万/45年	1年当たりコスト 13万/1年
	洗浄	10万	10万	10万	10万	10万	10万	10万	10万	10万		
	塗装	25万	25万	25万	25万	25万	25万	25万	25万	25万		
	付帯部塗装	10万	10万	10万	10万	10万	10万	10万	10万	10万		
	トータルコスト	65万	65万	65万	65万	65万	65万	65万	65万	65万		
ウレタン塗料 7〜10年	足場	20万		20万	20万	20万	20万	20万			トータルコスト 450万/42年	1年当たりコスト 10.7万/1年
	洗浄	10万		10万	10万	10万	10万	10万				
	塗装	35万		35万	35万	35万	35万	35万				
	付帯部塗装	10万		10万	10万	10万	10万	10万				
	トータルコスト	75万		75万	75万	75万	75万	75万				
シリコン塗料 10年	足場	20万		20万		20万		20万		20万	トータルコスト 500万/50年	1年当たりコスト 10万/1年
	洗浄	10万		10万		10万		10万		10万		
	塗装	50万		50万		50万		50万		50万		
	付帯部塗装	20万		20万		20万		20万		20万		
	トータルコスト	100万		100万		100万		100万		100万		
フッ素塗料 15年	足場	20万			20万			20万			トータルコスト 345万/45年	1年当たりコスト 7.7万/1年
	洗浄	10万			10万			10万				
	塗装	65万			65万			65万				
	付帯部塗装	20万			20万			20万				
	トータルコスト	115万			115万			115万				
高耐久塗料 ガイナ 15〜20年	足場	20万			20万			20万			トータルコスト 345万/45年	1年当たりコスト 7.7万/1年
	洗浄	10万			10万			10万				
	塗装	65万			65万			65万				
	付帯部塗装	20万			20万			20万				
	トータルコスト	115万			115万			115万				
スーパームキコート 20年以上	足場	20万				20万				20万	トータルコスト 315万/60年	1年当たりコスト 5.25万/1年
	洗浄	10万				10万				10万		
	塗装	55万				55万				55万		
	付帯部塗装	20万				20万				20万		
	トータルコスト	105万				105万				105万		
超低汚染リファイン MF-IR 20〜24年	足場	20万				20万				20万	トータルコスト 315万/60年	1年当たりコスト 5.25万/1年
	洗浄	10万				10万				10万		
	塗装	55万				55万				55万		
	付帯部塗装	20万				20万				20万		
	トータルコスト	105万				105万				105万		
無機ハイブリッドチタンガード® 25〜30年	足場	20万					20万				トータルコスト 300万/50年	1年当たりコスト 6万/1年
	洗浄	10万					10万					
	塗装	100万					100万					
	付帯部塗装	20万					20万					
	トータルコスト	150万					150万					

省エネ効果も！ 遮熱・断熱性に優れ光熱費の節約に

抜群の耐久性！ 初期費用はかかるが耐久性は抜群

25年の耐久性！ 初期費用は高コストだが25年以上住む方におすすめ！！

成分で異なる塗料の種類
「水性」「油性」で変わる性能

塗料は基本的に「顔料」「樹脂」「添加剤」「溶剤」で構成される。
その中の「溶剤」が水性か油性かによって性能、特徴が変わる。

水性塗料

人と環境に優しい塗料だが性能がやや見劣りする

塗料は大きく分けて、水性塗料と油性塗料の2種類。水性塗料とは水を溶剤としており、においや引火性が少ないのが特徴。人や環境に優しい塗料として近年多く採用されているが、耐候性が低く、汚れが付着しやすいデメリットもある。

水性塗料

溶剤が水。
水で希釈させ、
塗料を塗りやすくしている。

メリット
・値段が安い
・においがほとんどない
・環境に優しい

デメリット
・耐久性が油性より劣る

油性塗料

高い耐久性と密着力が魅力取り扱いは慎重に

油性塗料はシンナーを溶剤とした塗料。耐久性と密着に優れているが、においの強さや乾燥時間の長さ、ひび割れの入りやすさなどが短所。使用する場所を見極めて、慎重に扱う必要がある。塗料には、それぞれメリットとデメリットがあるので、特徴を踏まえた上で、適切なものを選択しよう。

油性塗料

溶剤がシンナーなど。
（弱溶剤→溶解力の弱いシンナーを使用
　強溶剤→溶解力の強いシンナーを使用）
シンナーで希釈させ、
塗料を塗りやすくしている。

メリット
・耐久性が高い
・塗料の密着が良い

デメリット
・値段が高い
・においがきつい
・保管が難しい

※溶剤についての詳細は
→13ページへ

まとめ 塗料の長所と短所を把握して、塗装箇所を検討しよう。
一般的には、水性塗料は外壁、油性塗料は屋根に塗布するのがおすすめ。

塗料の使用方法の違いを解説

1液型と2液型の違いは「硬化剤」がポイント

塗料には使用形態として「1液型」と「2液型」がある。
ここでは、それぞれの違いや特徴を紹介しよう。

1液型と2液型

近年では、1液型と2液型のメリットを兼ね備えたものも

塗料には、1種類の液体だけでそのまま使える「1液型塗料」と主剤（顔料・添加剤・溶剤）と硬化剤（樹脂）の2種類を現場で混ぜて使う「2液型塗料」がある。作業性を考えると、1液型の方が素人でも使いやすく価格も安価。しかし2液型の方が耐久性は高くなる。近年では、2液型で1液型同様の使いやすさを実現するものや、1液型で2液型に匹敵する性能を持つ塗料も登場している。

1液型
そのまま使用できる

2液型
硬化剤（樹脂）を混ぜて使用する

樹脂（硬化剤）を入れる

1液型

顔料
樹脂
溶剤
添加剤

メリット
・扱いやすい
・値段が安い
・使いまわしができる

デメリット
・耐久性が低い
・艶が落ちやすい

2液型

顔料
溶剤
添加剤

メリット
・耐久性が高い

デメリット
・扱いにくい
・値段が高い
・使いまわしができない

塗装まる分かり表

水性塗料と油性塗料、一般的に耐久性に優れているのは油性塗料だが、水性塗料にもメリットは多く、油性塗料にもいろいろな種類がある。ここで比較してみよう。

水性

水性塗料 ─── 溶　剤 ┬─ 1液型
・においが少ない　　　　　└─ 2液型　主剤と硬化剤を混ぜて使う
・手間がかからない、塗りやすい
・耐久性、密着性○
・環境に優しい

油性

油性塗料 ┬─ 強溶剤 ┬─ 1液型
│　　　　　　　　└─ 2液型　主剤と硬化剤を混ぜて使う
│　・においがきつい
│　・耐久性、密着性◎
│　・環境にあまり良くない
│　・手間がかかる
│
└─ 弱溶剤 ┬─ 1液型
　・においが少ない　　└─ 2液型　主剤と硬化剤を混ぜて使う
　・耐久性、密着性○
　・環境に優しい
　・手間がかかる

コラム 同じ名前の塗料でも中身が違う？ 安さだけで選ぶ落とし穴

例えば、数社にシリコン塗料を塗装する場合の見積もりをもらったとき、
同じシリコン塗料でも値段が違うことがある。そのからくりを解説しよう。

例えば…

A社

シリコン塗料
1,600円／㎡

B社

シリコン塗料
2,800円／㎡

何が違うのか
分からない!!

違いの見分け方

①水性塗料と油性塗料の違い

安価な塗料は、ホームセンターなどで売られている水性塗料とグレードが同等品の場合が多い。油性塗料に比べて、耐久性や密着性が劣る。

A社 =水性

B社 =油性

②1液型と2液型

1液型は、ホームセンターなどで売られている油性塗料とほぼ同グレード。プロによる外壁塗装で使用されているのは、耐久性・密着性・耐候性に優れた2液型が中心だ。その分、1液型に比べ高価。

A社 =1液型

B社 =2液型

③樹脂含有量の違い

塗料は樹脂の含有量によって価格が変化。汎用シリコン樹脂塗装は、シリコンの含有量が3〜5%で耐久年数は10年ほど。8%以上の高級シリコン樹脂塗料になると15〜20年になる。

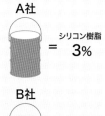

A社 シリコン樹脂 = 3%

B社 シリコン樹脂 = 30%

④塗布量の違い

会社によっては塗料を多めに希釈して薄く塗る事例もある。メーカーの指定に沿って正しく塗らなければ、塗料本来の機能が発揮されない。打ち合わせの際に、使用する缶の数を必ず確認しよう。

A社 =8缶

B社 =12缶

シリコン塗料には、さまざまな種類があり仕上がりもまったく異なる。使用するシリコン塗料を決定するのは、通常現場を確認した担当者。家の状態を正確に分析して、最適な塗料を提案してもらわなければならない。専門的な知識が必要な塗料選びは、信頼できる会社を選び、その会社に相談する必要があるのだ。

十数年後も寄り添う大切なカラー

色選びの方法を押さえる

外壁リフォームの楽しみでもあり難しさでもあるのが「色選び」。
家のデザインや周辺環境との調和も踏まえて考えると
家には、似合う色と似合わない色がある。
ポイントは、「好みの色より似合う色」で選ぶこと。
仕上がりに後悔しない色の選び方を学んでおこう。

色の基礎知識を学ぶ

サンプルを参考にするときは
彩度と明度が低めのものを選ぶ

サンプルから色選びをするときのポイントは、イメージ
している色より彩度と明度を下げて選ぶこと。小さな面
積のサンプルで選んだ色を大きな壁面でみると、数倍
明るく鮮やかに感じるからだ。大きめの実物サンプルを
見たり、試し塗りをしてもらうと、より実物に近いイメー
ジを持つことができる。色見本で即決せず、色の特性を
踏まえてしっかりと吟味しよう。

同じ色でも室外と室内では
見え方や雰囲気が変わってくる

色は光源によって、見え方が変わってくるもの。例えば、
太陽光の下では同じ色に見える2枚の色票を蛍光灯の
下でみると違う色に見えたりする。また、蛍光灯の下で
は白く見えていた色が、白熱灯の下では、少し黄色がか
って見えることもある。つまり、光源が蛍光灯か太陽光
かによって、色の感じ方がまったく変わってしまうのだ。
外壁塗装の色を考えるときは、室内ではなく、実際に外
壁のある室外で選ぶことが大切だ。

色見本と実物では、色の見え方が違う

薄い色　　　**色見本**　　　　　濃い色
　　　　　（狭い面積）
　　↓　　　　　　　　　↓

　　　　　　実物
　　　　　（広い面積）

より薄くなる！？　　　　より濃くなる！？

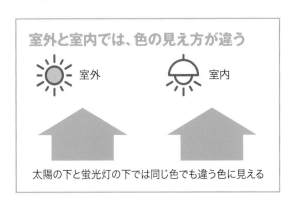

室外と室内では、色の見え方が違う

室外　　　　室内

太陽の下と蛍光灯の下では同じ色でも違う色に見える

イメージを膨らませるには
町を歩いて具体例を見て回る

「自分がどんな家にしたいか」というイメージを膨らませるためのヒントを集めるために、リフォーム会社に事例の写真集を見せてもらうことも1つの手だが、その他の手段として町を散策してみるのもおすすめ。実際に人が暮らしている家を見て回ると、「どんな色が好みなのか」「どんな家にしたいのか」を改めて知るきっかけになる。意外と近くに、家づくりのヒントが転がっているかもしれない。

周辺環境をよく観察

まわりに建つ家のことも考えて色を決めよう

家のイメージが見えてきたら
具体的なデザインを考える

色の大まかなイメージが決まったら、今度はデザイン。1階と2階の色を分けたツートンとすべて同じ色で統一するワントーンのどちらにするのか。また、雰囲気はキュート、モダン、スタイリッシュのどれにするのかなど、大まかなデザインのイメージを固めていく。どんな色をセレクトしても、長年住み続ければ経年劣化や汚れはつきものだが、できるだけ汚れが目立ちにくい色を選んでおくこともポイントだ。

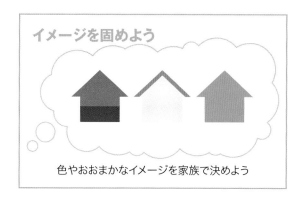

イメージを固めよう

色やおおまかなイメージを家族で決めよう

3Dシミュレーションを使って
イメージを具体化する

ぼんやりとした頭の中のイメージをカタチにできるのが3Dシミュレーション。自宅の写真に希望するカラーを合わせ、イメージに近い模擬写真をつくることができる。施工後の雰囲気をパソコン上で事前に比較検討でき、急な内容変更にも対応できる優れもの。ツートンなど、さまざまなパターンでのシミュレーションが可能だ。しかし、色彩の微妙な差異を正確に表現することはできないので注意が必要。

デジタルシミュレーション

3Dシミュレーション　　実物

大きめサイズの色見本は
実際の家の外壁でチェック

大きめサイズの色見本をもらったら、それを実際の家の壁に重ね合わせて、全体がその色になった場合の雰囲気を確認する。その際も色見本を見るときと同様に、屋外でチェックすることが大切。家の周辺環境にも配慮が必要だ。また、四方で光の当たり加減が違う場合は四面ともチェック。細かいくぼみなどにも色見本を当てて、色の変化を見ておくと安心できる。色は光の当たり具合で変化することも頭に入れておこう。

実物大で色を見よう

艶の度合いや質感も確認できるので、仕上がりイメージを把握できる

色選びで失敗しないためのコツ

変えられない部位との相性や近隣住宅との調和に考慮

外装には色を変えられない部分がある。例えばレンガの赤やサッシ枠の白、外構など。変更できない部分との相性に配慮して色を選ぶ必要があるのだ。屋根の塗装をしない場合は、既存の屋根と施工する外壁の色の調和も考慮しよう。また、変えられないものの1つに近隣住宅の色がある。鮮やかな色を検討中の人は、近隣住宅との兼ね合いを考えながら細かい色調整を行い、周辺環境との調和に努めよう。

元のまま色が変わらない部分
- アルミサッシ・アルミ雨戸・雨戸レール
- アルミ面格子・手すり・花台
- 屋根・雨どい
- 玄関ドア・玄関まわりのタイルなど
- 近隣の家

彩度の高いカラーは色褪せしやすいデメリットも

家に個性を求める人も多い時代。彩度の高い色（鮮やか・ビビット色）を検討する人も多いのではないだろうか。彩度の高い色は、華やかな雰囲気を演出する反面、色褪せしやすいのがデメリット。長期にわたって色褪せを防止したい場合は、彩度の低い色を塗装した方が安心だ。

■高彩度のデメリット
- 周囲の環境になじまず、騒色になる
- 高級感が得られにくいことが多い

■低彩度のメリット
- 周囲の環境になじみ、優しい雰囲気に
- 上品で落ち着いた雰囲気が得られる

純白はオフホワイト系、漆黒はグレー系で汚れの目立ちを緩和

ほんの少し汚れがついただけでも目立ってしまうのが、純白や漆黒の壁。純白の場合、少し明度を抑えた白系の塗料を使用するのがポイント。また、漆黒の場合は少し白みがかった黒系を選択すると汚れの目立ちが緩和される。個人差もあるので、気になる方は専門家に聞いてみよう。

外壁の種類や艶の有りなし凹凸で色の見え方が変化

色は外壁の種類や艶、凹凸などの影響で見え方が異なるもの。艶消し塗料は艶のある塗料に比べて、少し白っぽい仕上がりになる。また、スタッコ調やサイディングの模様による影の影響で、色が濃く感じられることもある。実際に塗料を家に塗ってもらい、確かめてみるのも1つの手だ。

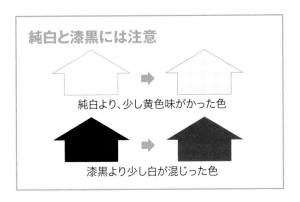

純白と漆黒には注意

純白より、少し黄色味がかった色

漆黒より少し白が混じった色

自分の家を触ってチェック

凹凸や模様のある壁は、色の見え方が違ってくるので注意

ホワイト・クリーム系

ビビット系などの鮮やかな色に比べて、ナチュラルな雰囲気で庭のグリーンや町並みにも調和しやすいカラー。明るくて淡いトーンをメインに、濃いブラウンやナチュラルブラウン、グレーなどの色を軒天や雨どいなどの付帯部分にアクセントとして使用すると、全体的にまとまりが出る。ホワイト・クリーム系の外壁＋オレンジの屋根は、かわいい系の定番。

タイルやシェードの色をやわらかな暖色系で統一。視覚的な温かさを加えた

温かな黄色ベージュを採用。付帯部分は濃い色に塗装してメリハリをつけた

屋根の色は、1カ月考え抜いてやわらかなオレンジに決定。近所の評判も良く、お隣も同じ施工会社にリフォームを依頼

ブラック・グレー系

真っ黒な壁は、ちょっとしたキズや汚れが白く際立ってしまうため、近づいてみるとかなり汚れが目立ったり、劣化しているように見える傾向がある。また、黒すぎる色は重圧感があり、一般住宅には向いていないかもしれない。ブラック系の色を選ぶなら、少しトーンを落としたグレー系がおすすめだ。

①ライトグレーだった外壁を高級感漂うダークグレーに塗装。以前とは異なるモダンな雰囲気に　②ストライプを効果的に使ったYKKAPの「アルカベール」を採用。色は「スミゾメ」を選択③格調高い外壁は、和の蔵をイメージ。お子さんも「かっこいい」と大満足

ツートン系

1階と2階の間に帯を設けて、上下をツートンカラーにするのが若い年齢層を中心に人気。ツートンにするときのポイントは、1階と2階の明度差（明るさの差）をしっかりと持たせること。上下の色合いが近いと、ぼやけた印象になってしまう。また、選ぶカラーは3色が限度。それ以上増やすと統一感のない印象に。

①外観写真の色を自由に変えられる3Dソフトでイメージを膨らませ、チョコレート色とアイボリーのツートンカラーに決定 ②外壁の一部をダークブラウンに塗り替えて、建物の印象を引き締めた ③色選びはカラーシミュレーションとカタログを参考に検討し、グレーとホワイトをセレクト

カラフル系

彩度の高い色（鮮やか・ビビットな色）は色褪せしやすいので注意が必要。長期にわたって色褪せを防止したい場合は、彩度の低い色で塗装するのがおすすめだ。カラフル系の色を選ぶ際には、自然の色より目立たない色を選ぶのがポイント。例えば、道路沿いにある木よりも濃い緑色をしている家は、完全に景観を崩しているといえるだろう。自然を引き立たせる色を意識して外壁の色を選ぼう。ただし、同系色でも色のバランスをうまくまとめれば、景観に合った外観をつくることができるので、担当者に相談しよう。

グリーンの外観から、鮮やかなオレンジ色で美しい外観に変わった

遠目にも分かる美しい発色とほどよい落ち着きを備えたブルーグレー

塗料はマットな仕上がりが魅力の「ガイナ」。鮮やかなグリーンの外壁に、玄関部分の薄いグリーンを合わせた技ありツーカラー

圧倒的な性能向上を手に入れる

カバー工法で賢い住まい

外壁リフォームは塗装による塗り替えが一般的だが、
中には塗装できない外壁材もある。
そんなとき頼りになるのが現状の外壁に重ね張りをする「カバー工法」だ。

外壁リフォームの方法は大きく分けて3種類

外壁の一般的な施工方法は塗装。しかし、どの外壁にも塗装できるわけではない。外壁材には、劣化がひどく塗装できない、あるいは塗装自体が不向きなものがあり、それぞれの外壁に合った工法を判断する必要がある。工法は「塗り替え」「張り替え」「カバー工法」の3つ。おすすめは「カバー工法」。今ある外壁を壊すことなく、新しい外壁を上に重ね張りする手法でメリットも多い。リフォームのしやすさを追求した工事方法といえる。

費用の削減や工期の短縮などメリットが盛りだくさん

カバー工法のメリットは、新しいサイディングやタイルを上に重ねて張るため、張り替えに比べて解体の手間がなく廃材が少ない点である。費用が大きく削減できるのはもちろん、工事期間も短くて済む。また住みながらのリフォームで問題になりやすい、音やホコリに悩まされることもない。さらに、外壁を重ね合わせることで、断熱や防音などの機能を付加することもできる。そのため、断熱リフォームでもよく採用されている。

外壁リフォームの方法

塗り替え
今ある外壁材をきれいに補修し、その上から塗料を塗ること。費用は比較的安く抑えることができる。塗装できない外壁材もあるので注意。

張り替え
その名の通り、今ある外壁材を取り除き、新しい外壁材を取り付けること。劣化した部分を取り除くことができるが、解体や補修費がかかる。

カバー工法
今ある外壁を取り除かず、新しい外壁材を重ねて張るリフォームの手法のこと。屋根、サッシなどにも採用されている。

カバー工法のメリットとデメリット

メリット
・解体や廃材処分の手間や費用を削減できる
・そのため、工事日数を短縮できる
・断熱性や遮音性などの機能を付加できる
・手軽に外観のイメージを変えることができる

デメリット
・初期費用がかかる
・重量のあるサイディングを上張りした場合、その重さでズレを起こす可能性がある
・技術や知識のある会社に施工してもらわないと、施工不良を起こすことがある
・劣化が家の内部まで及んでいた場合、カバー工法では対処できない家もある

注目 カバー工法はこんなにすごい!!

好みに合わせてテイスト自由自在

色の変更しかできない塗装に対し、カバー工法ではレンガ調から重厚感のある石積み風、スタイリッシュな金属系サイディングまで、自由に家の表情を変えることができる。新築のように外観を一新できるのが魅力。

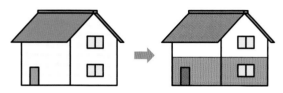

住みながらリフォームが可能

解体音や粉じんを出さないため、住みながらリフォームすることが可能。引っ越し代や仮住まいの手配など、リフォームに付随する費用や手間を省くことができる。その分、工事が早く終わるのもうれしい。

断熱性能アップで省エネ効果

既存の外壁にサイディングを重ね張りすると、空気の層ができる。そこに熱をため込むことで断熱性能がアップ。寒さの厳しい季節も暖房効率の向上やCO_2排出量の削減効果が期待できる。

外から入ってくる熱 　　　　　外に逃げていく熱

外部から入る音を軽減する防音効果も

サイディングの重ね張りは外部からの音を軽減し、防音効果も発揮。ただし、窓の隙間や窓ガラス、換気口からの音侵入の方が多いため、窓の多い家はさほど効果が見込めない。

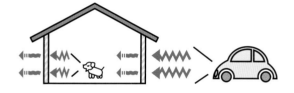

光熱費も削減でき、長い目でみると低コストで経済的

塗装は約10年に1度の塗り替えが必要。その際、塗り替えだけでなく、外壁材同士の間を埋めるシーリングの補修も行わなければならない。一方、カバー工法の場合、初期費用はかかるものの、20年は大規模な補修が不要で経済的といえる。

壁面積150㎡の住まいをリフォームした場合	
塗り替えした場合	カバー工法の場合
初期費用 100万円	初期費用 200万円
(+)	(+)
リフォーム後20年間のメンテナンス費用 約200万円	リフォーム後20年間のメンテナンス費用 約50万円
ひび修繕と、10年ごとの塗り替え　約10年ごとにシーリングのメンテナンス	約10年ごとにシーリングのメンテナンス
(+)	(+)
リフォーム後20年間の冷暖房費削減 0万円 塗装するだけなので、冷暖房費の削減に、有効ではない。	リフォーム後20年間の冷暖房費削減 約20万円 年間約1万円の削減の場合。
トータルコスト 約300万円	トータルコスト 約230万円
はじめのリフォーム費用は安いけれど、20年間住み続けると考えた場合、10年ごとの塗り替えで割高になってしまう。また、外壁材自体が塗り替えだけでは耐久性を維持することができず、結局張り替えになってしまうこともある。	初期費用は、塗り替えより割高だが、その後のメンテナンスの費用を抑えることができる。また、断熱効果で得られる年間の光熱費削減や防音性能の向上によるストレスの軽減もうれしい。

コラム　カバー工法は永久にメンテナンスフリー??

再工事が30年必要ない素材もあるが、基本的にメンテナンスの目安は約10年。つなぎ目や窓まわりのシーリングは補修が必要になる。カバー工法の場合でも、メンテナンスは必要だと認識しておこう。

サイディングの種類と
特徴を知り最適な選択を

まずは、サイディングの種類を押さえておこう。サイディング材の種類は「窯業系サイディング」「樹脂サイディング」「金属サイディング」の3つ。窯業系サイディングとは、セメント材を中心につくられている外壁材。モルタル壁に変わる新しい外壁材として登場した。樹脂サイディングとは、北米生まれの寒さに強い塩化ビニール樹脂製の外壁材。つなぎ目であるシーリングがないため、メンテナンスの必要がほとんどなく、近年人気が高まっている。カバー工法で最も採用されているのがガルバリウム鋼板などの金属サイディング。優れた耐久性と軽さから屋根材としても使用されている。

外壁の傷みによる不安を解消しようと参加したリフォームイベントで「樹脂サイディング」に出合ったH様ご夫婦。「長期的にみると経済的な上、30年保証も魅力的」と外壁全般のリフォームを決めた。工事前には見た目以外の不安要素がないか、細かなチェックも行われた。(取材協力／アイ・リフォーム株式会社)

カバー工法の施工には
正しい技術や知識が必要

外壁カバー工法の場合、既存外壁の状態に注意が必要。雨漏りを起こしていたり、雨が浸入したりしていないか、下地となる既存外壁の状態をしっかりと確認しておかなければならない。また、外壁カバー工法のメリットの1つは、壁が2重張りになり断熱効果が増すということ。その反面、外壁を1度張ってしまうと簡単には剥がすことができない(特に金属サイディング)。そのため、知識、経験、技術を伴い、建物の構造も理解している専門店に診断を依頼することが大切だ。正しい施工を行わなければ、結露などの弊害が起こる可能性がある。

[カバー工法の施工工程]

老朽化の激しかったポーチの基礎部分は、打ち直しを行った

下地になる既存の外壁も入念にチェック。傷んでいる部分は張り替えを行ってから、サイディングを重ね張りする

防水シートや防水テープでしっかりと防水処理を行う

「樹脂サイディング」の役物を取り付けていく

現在のサイディング工事は壁内に通気層を確保する必要がある(通気工法)。胴縁などの下地材を既存外壁に留めていく

カラーは落ち着いた2色を採用。柱やバルコニーの幅に合わせてレイアウトし、デザイン性を高めた。塩害や凍害にも強い高機能住宅へと変身

(サイディングの種類)

窯業系サイディング
セメント質と繊維質を主原料にした外壁材で、最も多く使用されている。塗膜の劣化を放置すると構造に大きなダメージを与えてしまうデメリットも。

樹脂サイディング
塩化ビニール樹脂製で、弾力性や耐久性に優れる。材料自体に顔料が練り込まれているので、長期間使用しても色落ちしないのが特徴。

金属サイディング
アルミニウムなどの金属鋼板で、デザイン性、耐久性に優れた表面材と断熱性、防火性に優れた裏打材で構成される。軽量でカバー工法に適する。

レンガ風

ブリティッシュスタイルのおしゃれな洋風住宅を彷彿とさせるデザイン。アメリカやヨーロッパで見られるレンガ壁の重厚感を演出する。華やかなイメージへと一新。

スタイリッシュ

すっきりとしてモダンな雰囲気が漂うスタイリッシュ。シンプルで、庭に植えた芝生や植栽とのコントラストが外壁をますます引き立てる。外観の美しさと存在感を備えた家に。

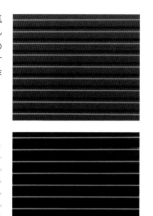

家に表情をもたらす外壁材
好みのテイストをチェック

外観で最も多くの面積を占める外壁材は、家の顔を決めると言っても過言ではない。そのデザインやテイスト、素材は実に多彩。選ぶ素材によって、さまざまな表情を見せてくれる。選ぶ決め手は、素材感と意匠性。長く愛着を持って暮らせるわが家にするため、家族の好みを反映しながら、家のデザインにぴったりの素材を見つけることが大切だ。ここでは、外壁の豊富なバリエーションを紹介しよう。

木目調

ナチュラルな温かさを醸しながら、高級感も演出。モダンさも併せ持ち、和風住宅でも洋風住宅でも似合う独自のスタイルを表現する。

ヨーロピアン

色のトーンによってさまざまな表情を見せてくれるテイスト。濃い色ならエレガントでシックな雰囲気。明るい色は甘さのある愛らしい雰囲気を見せる。

石積み

天然石をシンプルに再現し、その趣を表現。不ぞろいの石を積み重ねたようなデザインは、変化に富み豊かな表情を見せる。洗練された洋風住宅にも古き良き和風住宅にも調和する。

2～3回必要な塗り替えが
1回の工事でOK

約40年間メンテが不要
屋根のカバー工法

一般的なスレート屋根の場合、メンテナンスを怠っていると湿気などの影響で屋根材が少しずつ傷み、葺き替えをしなければならない状態になることもある。「繰り返し行うメンテナンスが面倒」という人にぴったりなのが「カバー工法」。約40年間メンテナンス不要で、長期的にみればコストパフォーマンスも高い。
（使用する建材によって、メンテナンス不要期間は異なります。）

Before
After

下地が傷んでいたら
屋根もカバー工法を

屋根材の約95%はリフォームが必要な資材。軽量スレート屋根やカラーベストなどのコロニアル屋根といわれる屋根材を使用している場合は、塗り替えが最も安価で手軽な方法だ。しかし、すでに防水シートが破れていたり、下地が傷んでいたりした場合は、カバー工法を検討してほしい。ただし、凹凸が大きい屋根や、釘打ちができない場合はカバー工法ができないため、塗装や葺き替えを検討しなければならない。

工期が短くて経済的
長期的な視野で検討を

屋根リフォームの方法は、塗り替え、カバー工法、葺き替えの3種類。カバー工法の場合、既存の屋根材を撤去する必要がないため、葺き替えに比べると工事期間が短く撤去費用も抑えられる。また、廃材が出ないので地球環境にも優しい上、解体の際に出る粉じんを飛散させる心配もない。塗り替えに比べ費用は多くかかるが、その後約40年間メンテナンスの必要がないため、長期的にみるとお得だ。カバー工法にはさまざまなメリットがあるのだ。

こんな屋根は塗装NG

○屋根下地が割れているなどの劣化が激しい屋根
○数カ所からの雨漏りがある屋根
○屋根下地が腐食している屋根
○コロニアル屋根材にタワミが発生している屋根

カバー工法ポイント

●20年以上長持ちする高機能屋根を実現
●メンテナンスはほぼ不要で、費用も抑えられる
●屋根が二重構造となり、雨音の騒音防止や、断熱性の向上を図れる
●雨の浸入を防ぎ防水性を高める
●解体をしないので、有害なアスベストを飛散しない

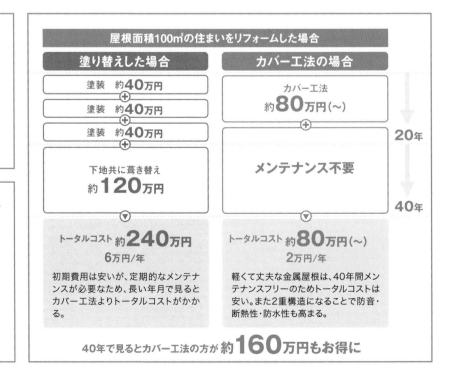

屋根面積100㎡の住まいをリフォームした場合

塗り替えした場合	カバー工法の場合
塗装 約**40**万円	カバー工法 約**80**万円（～）
塗装 約**40**万円	
塗装 約**40**万円	メンテナンス不要
下地共に葺き替え 約**120**万円	

20年 → 40年

トータルコスト 約**240**万円
6万円/年

初期費用は安いが、定期的なメンテナンスが必要なため、長い年月で見るとカバー工法よりトータルコストがかかる。

トータルコスト 約**80**万円（～）
2万円/年

軽くて丈夫な金属屋根は、40年間メンテナンスフリーのためトータルコストは安い。また2重構造になることで防音・断熱性・防水性も高まる。

40年で見るとカバー工法の方が 約**160**万円もお得に

注目 屋根カバー工法 石付金属屋根材DECRA「SENATOR（セネター）」

見た目の美しさ＋災害対策を兼ね備えた DECRA「SENATOR（セネター）」とは？

「SENATOR（セネター）」は、超軽量のため建物に負担をかけずに耐震・免震・制震対策ができる石付金属屋根材。独自の施工方法で屋根をしっかり固定するため、台風など災害に強い。さらに塗装品ではないため退色せず、塗り替え不要でメンテナンスコストを抑えることができる。

透明アクリル上塗り
天然石ストーンチップ
独自開発ベースコート
アクリルコート
アルミ亜鉛合金めっき
鋼板
アルミ亜鉛合金めっき
アクリルコート

天然石ストーンチップ
石粒が熱を拡散し、屋内への熱の侵入を軽減。また、凹凸によって雨粒を壊すことで、雨音を大幅に軽減する

耐風圧性

しっかり固定で、強風でも安心
独自の頑固なインターロック工法で風速約70m/sに耐えることができる。下から吹き込む激しい風に強さを発揮する。台風に対する耐久性が優れる屋根材として注目されている

タイル相互を緊結
強風でめくれない
野地板に固定

断熱性

光熱費を削減する、優れた断熱性能
ストーンチップの凸凹が太陽光を拡散し、鋼板との複合効果で速やかに放熱する。屋根材と野地材との隙間が空気層となり、より熱を伝えにくくなるため夏は涼しく冬は暖かく、光熱費の削減になる

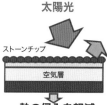

太陽光
ストーンチップ
空気層
熱の侵入を軽減

高耐久性

優れた耐久性で長期的にメンテナンスフリー
表面が天然石のため、色褪せの心配がなく塗り替えの必要がない。約30年の材料品質保証と、約10年の美観保証がついており、長期的にメンテナンスフリー。サビにも強く、塩害対策としても優れた性能を発揮する

30年の材料品質保証
10年の美観保証

雪止め効果

急な積雪被害を防ぐ、落雪対策効果を発揮
表面の天然石の凹凸が雪を止め、急勾配の屋根でも落雪しにくい。雪止め効果のある屋根材として、札幌市建築確認課で認められた。雪止め金具と同等の効果を発揮する。都市部においても、急な大雪による落雪被害を防ぐ

■屋根カバー工法 ［施工工程］

既存屋根を「SENATOR」で囲い込むカバー工法は、屋根面の解体や除去作業の必要がなく施工も迅速なのが魅力。
普段通り生活しながら屋根リフォームができ、工期も短く、解体・除去による廃材が出ないため環境負荷も低減できる。

施工前
葺き替えのときの「屋根材撤去」「野地板工事」の2工程分短縮

下地ルーフィング張り
雨漏れ防止のため屋根に防水シートを敷き詰める

役物部材等取り付け
棟木を置いてカバー。本体に隠れてしまう役物部材を先に取り付ける

SENATOR本体取り付け
下地を着実に処理し、専用ビスでしっかり取り付けていく

後付け役物部材取り付け
表面に見える後付け役物部材は本体同様石付を使用

施工後

雨どい・軒天・雨戸・ベランダ・笠木・・・

細部まで徹底施工
外装リフォームを成功させるカギ

要チェック！

外装リフォームといえば、屋根と壁を施工するというイメージが強いが、
雨どい、軒天、破風・鼻隠し、雨戸・戸袋、ベランダ、笠木など
外装を構成する部位は実に種類豊富。その部位に合った正しい施工を
行うことが、リフォーム成功への重要なポイントになる。
ここでは細部まで入念な施工を行っているリフォーム会社に
外装リフォームのチェックポイントやその工程を解説してもらった。
取材協力／グッドハート株式会社・株式会社にしやま・株式会社マエダハウジング

細部施工実例
01

雨どい

一般的に普及している雨どいは、塩化ビニール樹脂か合成樹脂でできている。紫外線による劣化などにより耐久年数は約20年。美観性の向上や保護は、雨どいの外側に塗装することで解決できる。また、勾配が取られていない場所などには、草がはえたりゴミがたまっているケースも多い。ただし、歪みや割れは塗装では解決できず、交換を行う必要がある。

雨どいの塗装工程

施工前の雨どいは、劣化して色あせが目立つ状態。塗装してしっかりと補修する

まずは、サンドペーパーなどで表面の汚れを落とすケレン作業。塗料の密着性を高める効果もある

サンドペーパーを、全体にまんべんなくかけ終わった状態。下塗りは行わない場合もある

1回目の仕上げ塗料を塗布

2回目の仕上げ塗料を塗布

完成した雨どい。塗装は美観性の向上に大きな効果を発揮するが、修繕という意味では交換工事がおすすめ

細部施工実例 02

軒天 (のきてん)

軒天とは外壁から外側に出ている、屋根の裏部分のこと。素材はケイカル板やスレート板、エクセルボードなどがよく使用される。ケイカル板は、通気性を確保するためにたくさん穴のあいた有孔タイプが代表的。その他、タイルのような模様や、木目のような模様を表面から張ったもの、板自体に色がついているカラーケイカル板などもある。

軒天の塗装工程

まずはサンドペーパーなどで表面の汚れをしっかりと取り除く。状態が悪い箇所には、シーラーなどの下塗り材を塗布

上塗り塗料を塗布

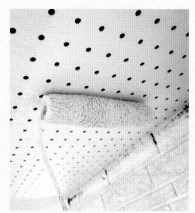

2回目の上塗り塗料を塗布。目地にジョイナーがある場合は、下塗り材を塗る前にサビ止め塗料を塗布する

細部施工実例 03

雨戸・戸袋

強風時に窓を破損から守るだけでなく、防犯の役割も果たしている雨戸。その雨戸を収納するスペースを戸袋と呼ぶ。素材はアルミ製（アルミの場合は塗装不可）やスチール製が一般的。スチール製の場合はケレン作業を行い、サビ止めを塗布する。劣化がひどい場合は、塗装をしてもすぐに塗膜が剥がれる可能性があるので、取り替えがおすすめだ。

雨戸・戸袋の塗装工程

サンドペーパーなどでサビをとるケレン作業を行う

エポキシサビ止めなどの下塗りを1回塗布

1回目の仕上げ塗料を塗布

2回目の仕上げ塗料を塗布

ベランダ・バルコニー・屋上の床

ベランダやバルコニーの劣化を放置すると、雨漏りや老朽化の原因に。劣化する前にしっかりメンテナンスを行うことで、結果的に修繕にかかる費用を抑えることができる。これらの箇所では、美観性より防水機能を高めることが大切。費用対効果が高く工期が短いFRP防水工法をおすすめしたい。FRPは、工場や大型水槽などにも使用されている。

バルコニーの塗装工程

ケレン作業などの下地処理を行い、プライマー（上塗り塗料の密着性をあげる塗料）を塗布

下塗り塗料を塗布した後、防水用樹脂塗料を塗ってガラスマットを敷きつめる。その後、もう1度、樹脂塗料を塗布

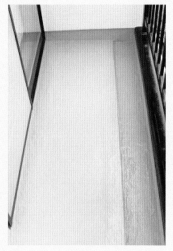

中塗り塗料を上から塗装。ガラスマットをサンドペーパーやディスクサンダーなどで平らにし、トップコートを塗って完成

かさぎ
笠木

笠木とは、塀や手すり、腰壁、パラペットなどの1番上の部分のこと。仕上げ材に雨水が浸透しないように施工することがポイントだ。ベランダでは、複数の笠木が角で交わる構造になっているため、そのつなぎ目に隙間ができると雨漏りの原因となることがある。金属製、木製など材質も多彩なので、それぞれに合った施工を行うことが重要だ。

笠木の施工工程

ここではバルコニーの笠木の取り替えを紹介。まずは、既存の笠木を取り除き、壁内の状態もチェック

アルミ製の笠木を丁寧に取りつける

隙間ができないように、接合部分はシーリングでしっかりとカバーする

基礎

基礎コンクリートのクラック（ひび割れ）は、化粧モルタル上のクラックか、基礎本体にまで及んでいるクラックかで補修の必要性が異なる。0.2mm程度のクラックなら、微弾性フィラーなどの下塗り剤を刷り込むだけでOK。クラックが中まで貫通している場合は、「きそきょうこ」（既存住宅基礎ひび割れ補修剤）などで補修する必要がある。

基礎の施工工程

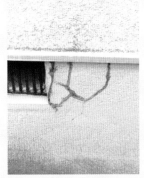

ひびが入っている部分の周囲をはがす　　プライマーを塗布する　　左官補修でモルタルを塗り込む　　新しい部分が少し目立つがきれいになった

水切り

水切りは、外壁から伝わる雨水を土台の中に侵入させない役割を持つ。雨水が浸入すると、土台を腐らせてしまう可能性があるため、しっかりメンテナンスしておく必要がある。材質はアルミ製やステンレス製が中心。施工する場合は、ケレン作業とサビ止め塗料を塗布し、その上から上塗り塗料を塗って仕上げる。

水切りの塗装工程

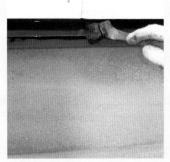

ケレン作業で汚れやサビをしっかりと取り除く。その後、サビ止め塗料を塗布　　1回目の仕上げ塗料を塗布　　2回目の仕上げ塗料を塗布

08 鉄部（庇）

細部施工実例

トタンや鉄骨、庇などの鉄部を塗り替える上で、最も重要なのが汚れやサビを落とすケレン作業。ケレンが不十分だと塗料がうまく密着せず、すぐに塗料が剥がれてしまうこともある。丁寧なケレン作業が成功のポイント。また、ケレン作業後はサビ止め塗料を塗るのが基本。丁寧な下準備を行った後、仕上げの上塗り作業が行われる。

鉄部（庇）の塗装工程

ケレンで汚れやサビを取り除いた後、ハケでサビ止め塗料を塗布

1回目の仕上げ塗料を塗布

2回目の仕上げ塗料を塗布

09 木部（玄関前の柱）

細部施工実例

他の部材に比べて劣化が早い木部。外部に面している木部は、定期的な塗り替えが必要だ。施工する場合は、汚れや浮いた塗膜をサンドペーパーなどで削り落した後で塗料を塗布する。また、外部木部は防腐も必要となるため、防腐剤が入り木目が残る「キシラデコール」や木目を完全に隠す「ガードラック アクア」などの塗料がおすすめ。

木部（玄関前の柱）の塗装工程

サンドペーパーや電動工具を使って、汚れや古い塗膜を落とす

「ガードラック アクア」を塗布

乾いたらもう1度「ガードラック アクア」を塗布する

外壁・屋根リフォームが得意な
全国の優良企業紹介**30**社

外壁・屋根は、住まいを雨風や騒音から守る大切な場所。
だからこそ、リフォームの専門知識があり、
誠意ある対応をしてくれる会社を見つけたい。
ここでは、お客様に寄り添い、
丁寧な提案をしてくれる地域密着の優良企業を紹介しよう。

北海道 **リフォーム**
室蘭・登別・伊達・虻田・白老エリアのリフォームに対応！

はっぴぃリフォーム Produced by 株式会社エリアエージェント

塗装セミナーで不安を解消して
失敗しない理想のリフォームを！

月1回程度、市民会館や商業施設で塗装セミナーを開催。適正価格や塗料の種類、自己診断のためのチェックポイントを専門用語を使用せず、分かりやすく教えてくれる。「値段が高い安いだけで選ぶと失敗する可能性があることが分かった」など参加者から好評を得ている。

職人に任せがちな塗装工事を自身でチェックできるのも大切。普段使いなれている言葉で教えてくれる塗装セミナーは参加必須

こだわり	代表あいさつ	DATA
外装のメンテナンスは慎重な判断が必要。そのため、見積もり前の外装診断を徹底している。どのようなメンテナンスを行うことが最善なのかプロが総合的に判断し、一人一人に合った外装リフォームを提案してくれる。	代表取締役 阿部 良介 家のメンテナンスは総合的に考えて判断することが必要です。それぞれの家に合わせた最適な工法・材料を、予算などに合わせて丁寧にご提案させていただきます。	**はっぴぃリフォーム Produced by 株式会社エリアエージェント** ■本社 ㊤北海道室蘭市中島町1-34-2 尾下ビル1F右側 ☎0143-41-0767 ℻0143-41-7111 ⏰9:00〜17:00 ㊡第1・3土曜、日曜 はっぴぃリフォーム 検索

青森県 **塗装、外装リフォーム、コーキング・防水の各工事**
塗装工事を通じて「お役立ち」と「幸せ」を提供！

株式会社佐々木商会／ガイソー八戸店

青森・八戸の外壁塗装で
住宅・公共施設の実績 No. 1

創業以来69年の信頼と実績のノウハウを駆使し、的確な外装診断、品質重視の工事を行う佐々木商会。長期耐久型塗料の取り扱いをはじめ、最長10年保証のアフターフォローもうれしい。また、社員マナーも徹底されているので、一つ一つの対応に満足でき、安心できると好評だ。

新商品勉強会やマナー勉強会の定期実施をするなど日々、お客様への「お役立ち」に取り組んでいる

こだわり	代表あいさつ	DATA
「外装リフォームが全て分かるショールーム」がコンセプト。ショールームだけの見学も可能。	代表取締役 佐々木 康之 わが社の価値は「お客様へ最高のお役立ちを提供すること」。社員の喜びは「お客様に感動していただけること」。そんな塗装専門店を目指しています。	**株式会社佐々木商会／ガイソー八戸店** ■本社 ㊤青森県八戸市城下3-9-10 ☎0120-846-339 ☎0178-43-2632 ℻0178-45-9040 ⏰8:00〜17:00 ㊡日曜、祝日 佐々木商会 八戸 検索

青森県　外装・内装リフォーム、新築
快適な住環境を確かな技術でご提供
株式会社セイユウ

適切な塗り替えで大切な住まいの寿命と資産価値を保つ

After / Before

住まいの診断・工事のお見積もり無料！ 塗装でお困りの方や、塗装についてわからないことなど、お気軽にお問い合わせを

青森市を中心に創業35年、手掛けた塗装工事は5,000件以上の実績を持つ。見積もりから施工まで一貫して請け負い、的確な施工前診断と材料選びで信頼を得ている。値段だけでなく、数年後に差が出る仕上がりにも、自社職人が自信をもって施工する。

こだわり
15年以上前から取り組むフッ素樹脂塗装は、その経済性と超対候性が認められた高品質塗料。下地処理、下塗りから適切な材料を判断し施工する。最高10年の施工保証で、お客様に安心と納得のサービスをお届けする。

代表あいさつ
代表取締役
佐藤 輝美

塗装業35年の経験を生かし、お客様に施工後、その数年後もしっかりご満足いただけるよう、最高のコストパフォーマンスを常に目指しています。

DATA
株式会社セイユウ
■本社
田青森県青森市油川字柳川58-7
☎0120-915-892
℡017-763-2662
℻017-788-7526
営7:00〜18:00
休なし

`セイユウ　青森` 検索

茨城県　外装リフォーム
つくば・土浦を中心に営業している高い技術を生かした塗装専門店
株式会社奥広／PAINT LINE茨城つくば店

十数年に1度の塗装工事だからもっとワクワクしてほしい！

LINE公式アカウントではセミナーやイベント情報、近隣のお店で使えるお得なクーポンも配信中。ぜひご登録を！

Smile by painting 「外壁塗装をもっと楽しもう！」をモットーに、お客様がワクワクする施工をプランニング。施工時には1級塗装技能士が着工から完了まで責任を持って施工にあたる。超長期保証も完備。「お客様とは一生涯のお付き合いを」との思いからアフターケアもバッチリだ。

こだわり
奥広は公共事業から民間工事、大型マンションから戸建てまで幅広い現場を施工。年間150棟を超える外壁診断を行う中で、現在のお客様に本当に必要な工事、未来のお客様に必要な価格を提案している。

代表あいさつ
代表取締役
小椋 直樹

奥広代表でペイントアンバサダーの小椋です。施工後にお客様が満足する、これが本当のバリューだと考えています。中身のない施工は追放していきます。

DATA
**株式会社奥広／
PAINT LINE茨城つくば店**
■本社
田茨城県土浦市荒川沖東3-3-2 OGビル2F
☎0120-17-0916
℻029-896-6594
営9:00〜18:00
休日曜、祝日

`奥広` 検索

栃木県　外装・内装リフォーム
地域に根付いた体制で、確かな実績と信頼
株式会社シマジュー／PAINT LINE栃木小山店

地域密着×自社施工だから可能な柔軟かつ丁寧な施工が自慢

屋根、外壁のリフォームをメインに、プロの目線でお客様それぞれに合った最適なリフォームプランを提案してくれる

創業6年ほどの若い会社だが、施工の仕上がりには定評がある。お客様に直結するジャンルなので、親身な対応をモットーにしており、リピートされるお客様も多い。シマジューでは定期点検はもちろん、無料で屋根の点検を行っているので気軽に相談ができる。

こだわり
「地域のリフォーム屋さん！」と気軽に声をかけられるような、気さくなスタッフが対応。地域密着型なので、安心してリフォームの依頼が可能。屋根／外壁のリフォームをメインに、住宅全般のリフォームに対応している。

代表あいさつ
代表取締役
島尻 則章

お客様に寄り添い、困りごとを解決する最適プランのご提案を信条にしております。お客様のご要望にピッタリのリフォームができる体制を社員とともに作っております。

DATA
**株式会社シマジュー／
PAINT LINE栃木小山店**
■本社
田栃木県小山市駅南町6-7-20
☎0120-905-435
℡0285-20-8055
℻0285-20-8056
営9:00〜18:00
休火曜

`シマジュー` 検索

栃木県　外装・内装リフォーム
地域密着で地域貢献「自社受注」「自社管理」「自社施工」信用と信頼で未来へ継ぐ
住創株式会社十文字/PAINT LINE栃木宇都宮店

国家資格一級塗装技能士在籍最大15年間の品質保証と施工保障のW保障

お客様の立場に立った商品をご案内するため、お見積書は必ず3種類(松竹梅)を用意しお客様に合ったものを選んでいただく

「ゼロから新たな価値を創造し、形の無い材を残し満足を提供し続ける」を経営理念に掲げ、お客様の立場に立って商品を提供してくれる。高品質・超高耐久塗料を提案することで、塗り替えサイクルを30年に1度としたメンテナンスコストの削減へとつなげる。

こだわり
見た目ではわからない品質にこだわる。既存シーリング撤去や研磨、下塗りなどは手を抜くと将来を保証するはずの品質に大きく影響する。だからこそ、各工程ごとに検査を重ねた高品質な商品を提供し、全工程の写真を提出している。

代表あいさつ
代表取締役
十文字 隆裕

私たちは現場管理から施工まで一貫して自社で行うプロフェッショナルチームです。お客様のご要望一つ一つをお聞きし、ともに理想のお住まいをつくります。

DATA
**住創株式会社十文字/
PAINT LINE栃木宇都宮店**
■本社
田栃木県宇都宮市白沢町2020-7
℡028-612-1938
℻028-612-1958
営8:00〜19:00
休不定

`ペイントライン栃木宇都宮` 検索

田=住所 ⊠=フリーダイヤル ℡=TEL ℻=FAX 営=営業時間 休=休日

千葉県	外装・内装リフォーム、新築

お客様のライフスタイルから考えるリノベーション

株式会社エールテック

デザイン・建築事務所ならではの提案力
住宅診断で劣化の状況もしっかり判断

デザイン力と技の確かさで、お客様のご要望以上のアイデアをご提案し、理想の住まいを形にする

酒々井町、八街市に拠点をもつ築古住宅改修(リノベーション)を得意とする会社で、改修でのメンテナンスには自信を持っている。究極の塗装を目指し、お客様が満足・安心できるレベルの高いサービスとコストパフォーマンス実現のため、常に全力を尽くす。

こだわり

対候性や低汚染性、透湿性が特徴の「No.1プラン」、美観・遮熱・対候の3つのメリットを持つ「遮熱プラン」、遮熱・断熱効果を発揮する「ひび割れ対策・高耐久プラン」など、お客様のニーズに合わせたさまざまなプランを用意。

代表あいさつ

代表取締役
佐藤 克憲

自宅や店舗の壁をもっとおしゃれに、もっと快適にしたい。そんなときは、千葉のエールテックの職人集団「ailetech」にお任せください。

DATA

株式会社エールテック

■本 社
住 千葉県印旛郡酒々井町尾上20-5
☎ 043-441-0825
℻ 043-235-7071
🕐 9:00～17:00
休 日曜、祝日

| エールテック | 検索 |

東京都	リフォーム

外装・屋根・内装・全面改装など世田谷の総合リフォーム会社

株式会社エムアンドエス／PAINT LINE東京世田谷店

工事完了後がお客様との本当の関係
末永く必要とされる地域に密着した会社

自社倉庫も構えており、屋根材、塗料、雨どいなどを実際に見ることもできる。見積もり無料。ぜひ、お気軽にお問い合わせを

4,000棟以上の施工実績があり、社内に屋根板金職人や大工、電気工事士、塗装職人が在籍。工事開始時の近隣への挨拶などの気配りもうれしい。ドローン診断や火災保険なども対応。工事中は専任担当者が不明点などに対応してくれるので安心して依頼できる。

こだわり

最大15年の保証制度や工事内容にご納得いただいてからの完成後お支払いOK制度。社内の自社職人が急な依頼も対応可能。公的機関に認められた30年耐用塗料の正規代理店。国土交通大臣登録リフォーム団体加盟店。

ごあいさつ

取締役
是木 洋一

私たちは工事が完了してからがお客様との本当の関係が始まると考えています。アフターフォローを重視し「家のかかりつけ医」となるよう全力でサポートいたします。

DATA

株式会社エムアンドエス／PAINT LINE東京世田谷店

■本 社
住 東京都世田谷区粕谷1-11-24
📧 0120-842-910
☎ 03-5357-8651
℻ 03-5357-8652
🕐 9:00～18:00
休 日曜、GW、夏季休暇、年末年始

| ペイントライン世田谷 | 検索 |

東京都	外装リフォーム

大切なお住まいに、本物の塗装工事をお届けします

株式会社幸和

行列のできる塗装店！
自社職人による塗装工事のプロ集団

塗装業界では数少ない「外装専門ショールーム」。外壁や屋根の模型により、構造から学ぶことができる

「お客様を笑顔にする」をスローガンに、下請けを一切使わない「自社職人」「自社施工」の塗装店。多くのお客様の信頼を得て、常に数カ月先まで予約で埋まる「行列のできる塗装店」と呼ばれ、2021年に東京・横浜エリアで「塗装工事を依頼したい会社」第1位に選ばれている。

こだわり

「見やすく・触れやすく・分かりやすく」をテーマに外装専門ショールームをご用意。普段見えない場所を「見える化」することで、お客様により安心していただける。カラーシミュレーションシステムも完備。

DATA

株式会社幸和

■多摩エリア支店
住 東京都多摩市鶴牧3-4-1B

■東京エリア支店
住 東京都渋谷区初台1-51-1-520

■横浜エリア支店
住 神奈川県横浜市都筑区中川1-4-1-315

📧 0120-031-475
☎ 042-313-7631(代表)
℻ 042-313-7632
🕐 9:00～18:00
休 日曜、夏季休暇、年末年始

| 幸和 多摩市 | 検索 |

東京都	外装リフォーム、屋根塗装

お客様にご満足いただける価格でご提供

株式会社南風

屋根、外壁塗装の専門店
安心いただける充実の保証

最適で高品質な塗装を、プロの目による診断で適切に行う。気になる方はぜひ1度お問い合わせを

塗装技術の高さはもちろんのこと、ご予算やご希望、理想など、お客様に寄り添った親身なヒアリングを大切にしている。初めてのご依頼で不安や疑問があるお客様にも、分かりやすく丁寧な説明を行い、ご納得いただいた上で施工を進めることで、お客様の信頼を得ている。

こだわり

早く仕上げることはもちろん、養生を含む一つ一つの作業を、細やかな気配りを欠くことなく、丁寧に施工している。お客様に対しては常に誠実であることを大切にし、不明点を放置することなく報告・連絡・相談を行う。

代表あいさつ

代表取締役
古波倉 徳希

お客様に寄り添い、お悩みをしっかりお聞きした上で、建物の状態に合った施工をご提案しています。気になることがあれば何でも相談してください。

DATA

株式会社南風

■本 社
住 東京都板橋区徳丸1-36-15
☎ 03-6753-0830
℻ 03-6753-0830
🕐 9:00～18:00
休 日曜

| 南風 板橋区 | 検索 |

神奈川県　塗装、外装リフォーム

重防食塗装工事でお客様に安心・安全をお届けする

株式会社浜翔建設／PAINT LINE横浜鶴見店

有資格者や熟練の職人が大切な住まいを長期にわたって守る

建築物の耐候性や長寿命化を高め、社会の安全と安心を維持するため社員一同努めている

神奈川県横浜市を中心に住宅の外装から橋や鉄塔、工場などの大きな建造物まで幅広く塗装事業を行う、建設業許可を取得している外壁塗装専門店。お客様の住まいや公共建造物の長寿命化を図り、安心と安全を維持するための施工を行っている。

こだわり

30年耐用の特殊塗料や、住まいを長期間美しく維持できる高耐候性塗料を使った施工で、お客様のご要望にお応えする。

屋根・外壁塗装
専門店
ペイントライン横浜鶴見
株式会社 浜翔建設

代表あいさつ

代表取締役
岡田 靖弘

私たちはお客様のことを1番に考え、10年後20年後も満足していただけるよう、有資格者や熟練の職人が安心していただける丁寧な施工をしています。

DATA

株式会社浜翔建設／
PAINT LINE横浜鶴見店

本社
住 神奈川県横浜市
鶴見区駒岡2-2-19
ヨコスカビル1 2F
T 045-717-7547
F 045-717-7548
営 9:00～17:00
休 日曜

埼玉県　外装リフォーム

施工実績3,000件超!! 埼玉県No.1に輝いた塗装実績

株式会社ケイナスホーム／PAINT LINE久喜蓮田店

国家資格1級を持つ塗装技能士が施工！安心して相談できる ショールーム完備

蓮田伊奈ショールームには、外壁や屋根などの現物を展示しているので、展示物を見ながら比較・検討ができる

埼玉県の蓮田市、伊奈町を中心に上尾市、白岡市、久喜市などの外壁塗装、屋根塗装を行う塗装職人集団。数年に1度の修繕工事だからこそ、塗料選びから業者の選定は細かく打ち合わせをし、お客様が納得いく形で塗装工事ができるよう、仕事に取り組んでいる。

こだわり

診断士による現地調査と診断報告書による現状の説明、また数パターンの見積書の提示をしている。疑問や不安があればショールームにて実際の外壁などを見ながら細かく説明してくれる。安心のアフターサービス保証あり。

代表あいさつ

代表取締役
那須 康一郎

より永く住むために外壁塗装、屋根工事を行うことは重要です。埼玉県の皆様が住む大切なお住まいで、永く快適に過ごすためのお手伝いをさせてください。

DATA

株式会社ケイナスホーム／
PAINT LINE久喜蓮田店

本社
住 埼玉県北足立郡伊奈町
大字小室2268-125
フリーダイヤル 0120-55-5056
T 048-792-0794
F 048-792-0795
営 9:00～18:00
休 水曜

ケイナスホーム　検索

埼玉県　外壁・屋根塗装、屋上・ベランダ防水工事

埼玉を中心に「安心」と「感動」を提供する家のパートナー

株式会社ディアライフ／PAINT LINEさいたま店

プロが目指すプロの職人と徹底した施工管理で理想の塗り替えリフォームを実現！

技術力の高さと、施工品質の高さで理想の塗り替えを実現。高機能塗料ペイントライン売り上げ実績、2年連続No.1

お客様のニーズに合わせたプランを提供し、現場は施工管理責任者が責任を持って管理している。現地調査時は屋根のドローン診断も可能。資格取得者も多数在籍しており、施工件数は通算2,000件以上の実績を持つ。アフター点検も行うので、施工後も安心だ。

こだわり

実際に住んでいる家の写真を使って、何度でもカラーシミュレーションができ、吹き付けなど、意匠性の高いデザインが多い。第三者機関で立証された次世代の無機塗料の正規代理店として、長期の施工保証をしている。

代表あいさつ

代表取締役
松田 勇司

塗料の品質と施工技術にこだわり、長く安心して笑顔で住めるお家の提案を心掛けております。お客様と長いお付き合いができるよう日々精進しております。

DATA

株式会社ディアライフ／
PAINT LINEさいたま店

本社
住 埼玉県さいたま市
北区別所町52-10
ウェルズ別所町B101
フリーダイヤル 0120-915-584
T 048-783-4521
F 048-783-4522
営 9:00～18:00
休 夏季休暇、年末年始

ディアライフ　塗装　検索

長野県　リフォーム、新築、不動産（総合住宅サービス）

長野県でリフォーム施工件数ナンバーワン！

株式会社サンプロ

PRODUCE A SMILE！“信州に笑顔あふれるくらしを”

若いスタッフからベテランまで、設計士、施工管理技士、インテリアコーディネーターなど有資格者も幅広く在籍

長野県リフォーム実績NO.1。信州では寒冷地特有の気候風土によって、良い塗料を塗るだけでは解決できない外装工事の問題がある。根本的な問題を追及することで、その住宅に合った施工方法を提案し、住宅の要となる外装を守り、安心と信頼を獲得している。

こだわり

リフォーム年間施工実績1,000件以上。総合住宅会社ならではのあらゆる面を考慮したベストな提案が魅力的。

DATA

株式会社サンプロ

塩尻店
住 長野県塩尻市
広丘吉田662-9

松本店
住 長野県松本市
村井町南4-1-4

長野店
住 長野県長野市
西尾張部1116-2

上田店
住 長野県上田市
上田1360-1

フリーダイヤル 0120-363750
F 0263-85-4633
営 10:00～18:30
休 火・水曜、GW、夏季休暇、年末年始

サンプロリフォーム　検索

住＝住所 フリーダイヤル＝フリーダイヤル T＝TEL F＝FAX 営＝営業時間 休＝休日

岐阜県 リフォーム
職人経験のある建築士が診断からアフターフォローまで一貫対応
AIMS株式会社

建築士が徹底的に診断し
最適なプランを適正価格で提案

女性スタッフも多く在籍しているので、女性目線で気になることも気軽に相談ができる

岐阜地区・西濃地区での外壁塗装リフォームはもちろん、住宅を守っていくための適切な提案をしてくれる。幅広い知識を持つスタッフがどんなことでも相談に乗ってくれるので、気になることをいろいろと相談しやすい。

こだわり
建築士の資格を持つスタッフが在籍。一つ一つの現場をしっかり診断し、住まいに合ったさまざまな提案をしてくれる。

代表あいさつ
代表取締役
内田 康裕

お客様と末永くお付き合いさせていただきたいとの思いから、お客様の暮らしの変化や生活スタイルに合った住環境を提供し続けます。

DATA
AIMS株式会社
■本社
㊟岐阜県揖斐郡
　池田町舟子228
☎0120-17-8869
☎0585-45-5718
℻0585-45-3005
🕐9:00～18:00
㊡日曜、GW、夏季休暇、年末年始

アイムス　岐阜　検索

愛知県 外装リフォーム専門店
愛知県全域にて施工中。実績豊富 年間380棟！
リフォームスタジオニシヤマ／株式会社にしやま

塗装だけでなくカバー工法の実績多数
総合的な提案力が強み

ホームページには、2,000棟以上の詳しい施工事例や外装リフォームについての知識が豊富に掲載されている

外壁材の中には塗装できないものも存在する。専門の資格を持ったプロスタッフが、外壁の状態を診断すると同時に建物の構造や外壁材の種類を的確に判別し、その建物に最適な外装リフォームを提案してくれる。屋根リフォームや防水工事もぜひ気軽に相談してみよう。

こだわり
通常の塗料だけでなく、「付加価値塗料」といった断熱性、伸縮性に優れた塗料も豊富に取り扱われている。

DATA
リフォームスタジオニシヤマ／株式会社にしやま
■豊田店
㊟愛知県豊田市市木町
　5-6-11第1司ビル1F
■刈谷店
㊟愛知県刈谷市板倉町
　1-6-6エンゼルハイム2F
■岡崎店
㊟愛知県岡崎市羽根町
　字小豆坂153 1F
☎0120-939-544
☎0565-88-4558
🕐9:00～18:00（ショールーム10:00～16:00）
㊡水曜

大阪府 外装リフォーム
防水・雨漏り補修の専門知識で大阪の屋根を守る
株式会社奥田工業所

誠実をモットーに日々施工し、
お客様の財産を守りつづけたい

自社施工で安心・納得の価格を実現。調査依頼、お見積もり無料。LINEでの簡単お見積もりも可能。お気軽にお問い合わせを

大阪府を中心に屋根や屋上の雨漏り補修・遮熱塗装、外壁やベランダなどの改修・防水を行う。「スポーツをするように仕事をする」をコンセプトに、自分に厳しく、フェアに、お客様に寄り添ったサービスをご提供。安心して暮らせる地域づくりに貢献する。

こだわり
長年培ってきた豊富な防水工事のノウハウと、雨漏り補修に関する知識で施工にこだわり続ける。建物の美観と下地を守るだけでなく、暑さ寒さ対策、騒音、空気環境の改善ができる遮熱塗装工事で、より過ごしやすい環境を整える。

代表あいさつ
代表取締役
奥田 裕嗣

3代に渡り、約60年間、地元密着で営業させていただいています。お客様と長いお付き合いができるよう、誠実な施工・アフターフォローに努めています。

DATA
株式会社奥田工業所
■本社
㊟大阪府守口市
　大久保町4-13-11
☎0120-85-8699
☎06-6901-1155
℻06-6902-8699
🕐8:00～18:00
㊡日曜

奥田工業所　検索

大阪府 外装リフォーム
将来世代につながる、きれいな町づくり
森内塗装株式会社

美しい心を持って
美しいものを創る

職人の子どもさんが描いた絵とメッセージ。「塗装作業の向上」「転落防止」「近隣への安心感」を図るためのアイデア

公共事業の施工実績が多く、これまで得た技術やノウハウを生かした施工でお客様に満足していただける高い品質を追求している。お客様の「ありがとう」にしっかりお応えし、「安心・信頼」を感じていただけるよう、日々精進して仕事に取り組んでいる。

こだわり
建設業を通してお客様に幸福を感じてもらえるよう、外壁塗装、屋根塗装、防水工事、鉄部塗装、構造物塗装、その他塗装工事全般、修繕工事など、多岐に渡った工事を請け負う。社会に必要とされる企業を目指している。

代表あいさつ
代表取締役
森内 拓己

美しい心を持ってつくるものは、必ず感動が生まれます。その心を持って思いをカタチにする。そしてお客様に喜んでいただく。それが私たちの喜びです。

DATA
森内塗装株式会社
■本社
㊟大阪府泉南市
　樽井1-4-6
☎072-468-8607
℻072-468-8608
🕐8:00～17:00
㊡日曜、祝日

森内塗装　検索

兵庫県　外装・内装リフォーム
大切なお住まいで安心して長く暮らしていただきたい

駒商株式会社

小さな修理から大規模改修まで対応
2022年1月に外装専門店OPEN！！

お客様に安心していただける、相談しやすいお店を目指している。YouTube「コマショウTV」は登録者数1万人を突破し、ますます好調

小さな工事から全面改修まで、宝塚市を中心に細やかなサービスを提供。内装リフォームが主体だったが、リピーターのお客様や新規のお客様から外装の相談が急増し、2022年外装専門店をOPEN。地域の方に喜んでいただけるお店を目指している。

こだわり

「見積もりのクリア化」を導入し、仕入れ価格を公表。利益を「当社報酬」としてご提示する「正直見積もり」を実践している。最高10年間の自社工事保証と定期点検で、アフターフォローもしっかり実施。

DATA

駒商株式会社

■本社
（住）兵庫県宝塚市泉町19-10
（フリーダイヤル）0120-504-157
（TEL）0797-87-7214
（FAX）0797-87-7215
（営業時間）9:00～17:00
（休日）水曜

■コマイロ宝塚店
（住）兵庫県宝塚市千種4-14-44
（フリーダイヤル）0120-516-504
（TEL）0797-77-8666
（FAX）0797-87-7215
（営業時間）9:00～17:00
（休日）水・日曜

コマショウ　検索

広島県　屋根・外壁塗装
工事後のクレームは一切なし！ 職人魂が光る外壁塗装

株式会社いわぐろ

入念な下地処理と丁寧な施工で
「美しく、強い！」仕上がりに

"目・腕・心で塗る"こだわりの手塗りが自慢。必要な時間をかけて1つの作品をつくるように納得いくまで美しく仕上げる

外壁塗装を成功させるためには、下地処理が重要。その下地処理を入念に行っているのがいわぐろ塗装。塗装を長持ちさせるため、1軒1軒の施工を丁寧な手塗りでしっかりと塗り上げてくれる。"お客様とお客様の大切な家を守ること"を心掛けた妥協のない施工に期待できる。

こだわり

自社施工による下請けを使わないスタイルでリーズナブルに地域1番店を目指した外壁塗装を提供。最大10年のアフターフォローもあり、安心。

代表あいさつ

代表取締役
岩畔 淳平

ガキ大将だった幼少期、苦労や困難を周りの方々に支えられ、乗り越えてきました。恩返しとして地域を守っていくという信念を持ち仕事に励んでいます。

DATA

株式会社いわぐろ

■本社
（住）広島県神石郡神石高原町父木野2279-1
（TEL）0847-85-2062
（FAX）0847-85-2062
（営業時間）8:00～20:00
（休日）年中無休

いわぐろ塗装　検索

広島県　外壁・屋根塗装、屋根板金工事
地域密着・地元でがんばる外壁・屋根塗装専門店

はらけんリフォーム／株式会社はら建興

「塗装で家の寿命を伸ばす」をモットーに
塗装を通じて地域への貢献を目指す

広島で愛されて創業24年。これまで延べ3,776件の工事をし、お客様から信頼と実績を得てきた

有資格者が多数在籍し、「一級塗装技能士」の資格を持った職人が全ての現場に関わるため、お客様の満足を実現できている。来店可能なショールームを完備し、見て触って納得して進めることができる。さまざまな取り組みを通じて地域への貢献を目指している。

こだわり

「一級建築士から学んだ家の構造知識」「国家資格を持つ職人の技術」「最高4度の手塗り塗装」が武器。家のつくりを計算し、最適な施工方法や塗料を考えることで、家の寿命を伸ばすことに成功した。

代表あいさつ

代表取締役
原 健也

長年家の研究をして分かったことは「家の寿命は伸びる」。外壁塗装工事でお悩みなら、当社の技術をぜひ体感してください。あなたの住まいを生涯守ります。

DATA

はらけんリフォーム／株式会社はら建興

■本社
（住）広島県安芸郡海田町石原5-15
（TEL）082-847-2648
（FAX）082-847-2647
（営業時間）9:00～17:00
（休日）年中無休

はらけんリフォーム　検索

広島県　外装・内装リフォーム、新築、不動産
広島県総合リフォーム売上8年連続No.1

株式会社マエダハウジング

広島県西部に6店舗。外壁・屋根から
内装リフォームまで専門スタッフが対応

本社は中区八丁堀。各店の外装リフォームコーナーでは外壁カラーや建材を見比べられる

広島地域密着のリフォーム会社として30年目。8年連続で「広島県総合リフォーム売上ナンバー1（リフォーム産業新聞調べ）」と多くの方に支持されている。外装リフォームは専門スタッフが在籍し、府中店・五日市店・東広島店には外壁・屋根専門コーナーを備えている。

代表あいさつ

代表取締役
前田 政登己

広島に外装リフォームで創業して30年。「広島を、いい笑顔に」を合言葉に、「地域で輝く100年企業」を目指して、お客様に丁寧に対応しています。

DATA

株式会社マエダハウジング

（フリーダイヤル）0120-164908　（営業時間）9:00～18:00　（休日）水曜

◆八丁堀店（本社）
（住）広島県広島市中区八丁堀10-14-3・4F

◆宇品店
（住）広島県広島市南区宇品西4-3-24
（フリーダイヤル）0120-967508

◆府中店
（住）広島県安芸郡府中町鶴江1-22-6

◆安佐南店
（住）広島県広島市安佐南区西原4-25-25

◆五日市店
（住）広島県広島市佐伯区城山1-13-35

◆東広島店
（住）広島県東広島市西条朝日町10-24

マエダハウジング　検索

（住）＝住所　（フリーダイヤル）＝フリーダイヤル　T＝TEL　F＝FAX　（営業時間）＝営業時間　（休日）＝休日

広島県 外装・内装リフォーム、新築
一級塗装技能士と防水施工技能士が在籍するお店
株式会社恵実

丁寧な施工をお約束！
塗装工事・防水工事をワンストップで対応

建具や手すり部分など、小さな塗装から対応可能。外壁にひびなどの症状が出たら、ワンストップで任せられる

お客様のニーズに合わせて、塗装工事や防水工事だけでなく、解体工事や内装・外装工事、シロアリ防除工事など幅広く対応。現地調査はドローンを使った調査で修理やメンテナンスが必要な箇所を一緒に確認できる。何でも気軽に相談していただけるお店を目指している。

こだわり
戸建て住宅から大規模な改修工事まで、多数の実績がある。経験と技術力を元に安心・高品質の施工を行う。

代表あいさつ
代表取締役 沖井 翔

おかげさまで今年で創業13年目となりました。お客様のご要望にお応えできるよう信頼していただける会社を目指し、日々努めてまいります。現地調査・お見積もりも、どうぞお気軽にご相談ください。

DATA
株式会社恵実
■本 社
㊟広島県広島市東区若草町6-13 第三原ビル201
☎082-258-5766
🅵082-258-5767
🕐9:00～17:00
㊡日曜、GW、夏季休暇、年末年始

広島県 外装リフォーム
広島で外壁塗装・屋根塗装をするなら直接施工のこの会社にお任せ！
有限会社リプルクリエイト／PAINT LINE広島西店

住宅塗装の専門家
塗装のイロハを語るYouTuberとしても活躍

店舗では大型モニターでのカラーシミュレーションが可能。色見本だけでは分からない完成イメージを作成してくれる

広島市・廿日市市を拠点に営業中。戸建住宅を中心に集合住宅の塗り替えまで行う。塗装経験34年の元職人社長の知識を生かして、詳細かつ誰にでも分かる調査書と見積書を作成してくれる。数種類にわたって選べるプランがお客様から好評を得ている。

こだわり
広島市では珍しい住宅に特化した塗装店。初めてご自宅を塗り替える方や1度目で失敗した方に特におすすめ。専門家ならではの視点とお客様にとことん寄り添うスタイルが多くの方に選ばれる決め手になっている。

代表あいさつ
代表親方 川岡 寛之

広島では初の住宅塗装専門家として、外壁塗装に関するご依頼に丁寧にお応えしております。多くの方からのお喜びの声が私たちの"力"になっています。

DATA
有限会社リプルクリエイト／PAINT LINE広島西店
■本 社
㊟広島県広島市佐伯区八幡2-26-31 扇ビル1F
☎0120-061-817
🅵082-942-2879
🕐9:00～18:30
㊡日曜、GW、夏季休暇、年末年始

リプルクリエイト 🔍検索

山口県 ビル・住宅の屋根・外壁塗装
地域密着、安心安全、確かな品質、技術と提案力を選ぶならここ！
トップペイント株式会社／PAINT LINE下関店

第三者機関で立証！耐久性国内No.1
30年塗料で県内No.1の実績を誇る！

有資格者による適切な診断により、地域の信頼も高いPLジャパンの直営店

公的機関での10年間に渡る屋外暴露試験にて証明された最大30年耐用塗料を提案し、お客様に感動を与えられる仕上がりを実現している。また、他社との差別化を徹底し、ノーメンテナンスでも10年後に外壁塗装が色褪せない塗料の普及を目指している。有資格者による価格提案、施工も安心だ。

こだわり
公的機関で証明された高耐候性塗料のみの提案、施工で、お客様の大切な資産である建物の長期寿命化を図り地域社会に貢献している。塗料の品質保証は最大15年。アフターサポートも責任をもって行う。

代表あいさつ
代表 上野 安彦

確かな技術と提案力でお客様の大切なお住いをお守りし、スタッフ一同、真心とサービスで地域の皆様に愛される会社づくりを目指します。

DATA
トップペイント株式会社／PAINT LINE下関店
■本 社
㊟山口県下関市川中本町2-2-47
☎083-242-2020
🕐9:30～19:00
㊡月曜、夏季休暇、年末年始

トップペイント下関 🔍検索

山口県 外壁塗装、屋根工事
地域密着がコンセプトの屋根・外壁塗装専門店
株式会社美装

創業31年 2,600棟以上の施工実績
地元密着でアフターフォローも安心！

美装は創業から31年間、『『ありがとう』の気持ちを忘れずに、地元に密着したお付き合い』をコンセプトに取り組む

地元に貢献するためにできることは、お客様の住む家をきれいにすること、注文いただいたお客様に手を抜かない「正直な工事」を提供すること、塗装・リフォームに失敗する方をなくすために勉強会を開催することと考え、実直な施工に取り組んでいる。

こだわり
①創業31年。2,600棟以上の施工実績！②打ち合わせは納得いただけるまで何度でも！ ③地元ゆえに即対応！ ④有資格者による安心の工事！ ⑤工事後も施工保証とアフターフォローで安心！⑥ショールーム完備！

代表あいさつ
代表取締役 神野 文明

弊社はお客様が相談しやすい環境づくりを第一に考えています。地元の皆様に安心してご相談いただき、細かい気配りができるよう心掛けております。

DATA
株式会社美装
■本 社
㊟山口県周南市西松原3-3-11
☎0120-277-753
🅵0834-34-9955
🕐【本社】9:00～16:00【ショールーム】ゆめタウン新南陽1F 10:00～19:00

美装 周南市 🔍検索

山口県　外装・内装リフォーム
屋根・外壁塗装、リフォームのスペシャリスト
株式会社PROTEX／PAINT LINE周南店

有資格者による外壁診断で
お客様に安心を提供！！

お客様の理想の外壁塗装がイメージできるよう、ショールームを用意。実物を見ることで好みのイメージが確認できる

山口県周南市を中心とした屋根・外壁塗装のリフォーム専門店。高品質・高耐久性塗料のご提案と高い施工技術で、末永く大切なお住まいを守り続ける。お客様にご満足いただけるよう、着工から完成までスタッフが責任をもって工事に当たっている。

こだわり

1階には塗装の種類がわかるショールームを完備。気軽に立ち寄り気になることを相談してみよう。

代表あいさつ

代表取締役
佐伯 悌彦

外壁塗装のスペシャリストとして、安心・安全・丁寧を提供するとともに、「笑顔、ありがとう！」をいただけるよう大切なお住まいを私たちがお守りします。

DATA

**株式会社PROTEX／
PAINT LINE周南店**

■本 社
㊐山口県周南市
　富田2726-12
☎0834-34-1039
🖷0834-62-8111
🕘9:30〜19:30
㊡月曜、第1火曜

ペイントライン周南 検索

香川県・徳島県　外装・内装リフォーム
施工後10年間の無料点検でしっかりサポート
ホームサービス株式会社／PAINT LINE高松・徳島店

年間400棟の施工実績
お客様満足度97.7%

外壁塗装サンプルや施工実績事例など豊富に取りそろえたショールーム。ご要望に沿ったプランがきっと見つかる

圧倒的な施工実績により、高品質な商品の低価格提供を実現。アフターメンテナンスを充実させ、紹介やリピートによる売上も大幅に増加。スタッフは資格獲得や研修を行うことで知識の向上を図っている。お客様の要望に寄り添ったサービスの提供を心掛けている。

代表あいさつ

代表取締役
田邉 卓也

快適な住環境の提供と真心込めた人のサービスでいつまでも地域に愛され続ける。この言葉を私たちの経営理念とし、プロフェッショナルとして行動しています。

DATA

ホームサービス株式会社／PAINT LINE高松・徳島店

■ホームサービス香川本店
㊐香川県高松市
　上天神町610-4
☎0120-101-125
☎087-802-5131
🖷087-802-5132
🕘9:00〜18:00
㊡GW、夏季休暇、
　年末年始

■ホームサービス徳島店
㊐徳島県徳島市
　城東町2-1-19
☎088-624-8855
🖷088-624-8856
🕘9:00〜18:00
㊡GW、夏季休暇、年末年始

ホームサービス香川 検索

ホームサービス徳島店外観

福岡県　塗装、防水
ご相談からアフターフォローまで。自社スタッフが責任を持って対応！
株式会社江藤建装

お客様からの信頼を力に
はじめましてから続くお付き合いを

「明るく元気に誇りの持てる丁寧な仕事を」をモットーに、工事を依頼されたお客様へ、感謝の気持ちを込めて作業に取り組む

「どの業者に頼んだらいいか分からない」と業者に対する不安をお持ちのお客様に、「家を健康に保つリフォームの依頼は、地域密着の江藤建装！」と思っていただき、お客様の不安を払拭できるよう、責任施工で自社スタッフが全て対応してくれる。

こだわり

お客様の希望を聞いた上で、要望に沿った提案をお客様の立場でしてくれる。責任施工で見えない作業もしっかりと。どんな工事でも耐久年数を最大限に生かすことを目指す。施工内容はHP内のブログで詳しく紹介。

代表あいさつ

代表取締役
江藤 聡志

建設許可証等各種資格の所有と29年間現役職人として、お客様目線で打ち合わせをし、工事期間中の不安を払拭できるよう、会話を大事に仕事に取り組んでいます。

DATA

株式会社江藤建装

■本 社
㊐福岡県福岡市
　早良区野芥7-7-28
📠0120-0162-79
☎092-407-2235
🖷092-407-2237
🕘8:00〜20:00
㊡不定

江藤建装 検索

福岡県　外装・内装リフォーム、新築
家が長持ちするのは当たり前、住む人も健康で長生きできる家
株式会社津留建設

医師が認める本物の健康住宅
0宣言の家

月2回、「屋根・外壁塗り替え＆健康住宅講座」を開催。納得のいく、本物で、心安まる住環境づくりを目指している

「家の役割は雨風を凌ぐだけでなく、住む人を癒やし、活力を増すこと」をコンセプトにリフォームから新築まで自然素材を生かした家づくりを薦める。国よりも厳しい基準で徹底的に素材、工法にこだわり、住む方の健康に寄り添う家づくりを、妥協なく行う。

こだわり

細かな調査と丁寧な報告書でわかりやすい提案をする。屋根・外装の状況確認はもちろんのこと、ヒアリングを行い、お客様の住まいや健康にとって、どの施工が最も効果的かを考え抜き、リフォーム、新築を行う。

代表あいさつ

代表取締役
津留 輝彦

雨水は家の寿命を縮める最大の要因です！カビやコケにつながり人体にも悪影響です。家も人も長生きするために適切な外壁リフォームをご提案します！

DATA

株式会社津留建設

■本 社
㊐福岡県柳川市
　三橋町棚町236
☎0944-74-2840
🖷0944-73-5231
🕘9:00〜18:00
㊡なし

津留建設 検索

㊐=住所 📠=フリーダイヤル ☎=TEL 🖷=FAX 🕘=営業時間 ㊡=休日